# CHRISTIAN CALÀ

# CALCIO D'INIZIO

## Come Diventare Un Calciatore Professionista Trasformando Il Calcio Da Passione A Professione Con La Crescita Personale

Titolo

"CALCIO D'INIZIO"


Autore

Christian Calà


Editore

Bruno Editore


Sito internet

http://www.brunoeditore.it


Tutti i diritti sono riservati a norma di legge. Nessuna parte di questo libro può essere riprodotta con alcun mezzo senza l'autorizzazione scritta dell'Autore e dell'Editore. È espressamente vietato trasmettere ad altri il presente libro, né in formato cartaceo né elettronico, né per denaro né a titolo gratuito. Le strategie riportate in questo libro sono frutto di anni di studi e specializzazioni, quindi non è garantito il raggiungimento dei medesimi risultati di crescita personale o professionale. Il lettore si assume piena responsabilità delle proprie scelte, consapevole dei rischi connessi a qualsiasi forma di esercizio. Il libro ha esclusivamente scopo formativo. **Tutto il ricavato derivante dai diritti d'autore sarà devoluto in beneficenza a favore di Insuperabili ONLUS.**

# Sommario

*Al tesoro più prezioso,*

*la mia famiglia.*

# Introduzione

Un ragazzino che, come tanti, **sognava** di diventare un giorno un famoso calciatore professionista e di far innamorare le persone con le sue giocate.

Nato e cresciuto da una famiglia semplice: papà docente, mamma impiegata statale e una sorella maggiore molto dedita allo studio.

Educato con valori quali l'onestà, la fiducia reciproca, il rispetto, la gratitudine, l'uguaglianza e primo fra tutti il valore de *"il duro lavoro ripaga"*.

Purtroppo, spesso il sacrificio e il sudore che versavo mi facevano ottenere risultati mediocri. Non ne uscivo! Mi sentivo come un criceto in gabbia… *"gira e rigira sempre sulla stessa ruota"*.

Alle scuole superiori mi ero già stancato di studiare tomi interi di storia, letteratura e geografia. Ero tra quelli che andava a scuola perché il sistema scolastico lo imponeva. Perché i propri genitori ci tenevano che il proprio figlio avesse una cultura appropriata. Protagonista della favola: *"con un diploma da geometra avrai il lavoro assicurato"*.

Infatti, mi ritrovavo puntualmente tra gli ultimi.

*"Suo figlio è superficiale signora, non si applica!"*

Non conto più le volte in cui l'avrò sentito dire dagli insegnanti a mia madre.

E allora sì, altri 5 anni di inferno scolastico in cui mancava anche la voglia di alzarsi dal letto. Poi l'università lasciata dopo appena 2 esami per lavorare e fare un po' di tutto: l'agente immobiliare, l'amministratore di condominio, il postino, l'impiegato, l'operaio in una catena di montaggio, insomma qualsiasi cosa per portare la "pagnotta" a casa.

**Ma Passione ZERO.**

In tutto questo fortunatamente c'erano il calcio e lo sport a tenermi vivo: **Avventura. Team. Condivisione. Volontà di Vincere. Sudore. Lacrime. Coraggio. Divertimento. Passione!** Anche solo sognare ad occhi aperti i grandi stadi pieni di tifosi e sentirli urlare in coro il tuo nome. Brividi al solo pensiero!

Ma gli anni passavano anche per me e quel sogno che accarezzavo tutte le sere prima di andare a dormire, ormai lo vedevo nella mia mente sempre più lontano, scuro e offuscato. **Eppure, in qualche modo, sentivo che ero destinato a qualcosa di grande.** Lo sentivo battere dentro di me ma non riuscivo a spiegarmelo. Sì, qualcosa di grande ma difficile da trasformare in risultati concreti. Un talento enorme addosso ma inespresso. Non sapevo ancora cosa e nemmeno come fare. Ero desideroso nell'anima ma perso nelle capacità e negli strumenti che possedevo.

Ho **deciso** allora di riprendere l'università nel cercare di dare un senso e una direzione alla mia vita e qui, durante l'ultimo anno dei miei studi, la svolta.

Dopo un laboratorio di crescita personale ho capito subito quale sarebbe stata la mia strada: il Mental Coach sportivo.

Volevo continuare a capire quali fossero le strategie per raggiungere quei risultati desiderati che mi sono sempre sfuggiti.

Ero pronto a dare tutto per vederci più chiaro e aiutare gli atleti che come me possiedono il sogno di far innamorare il pubblico con le loro giocate e ambiscono al professionismo. Fare della propria passione il proprio lavoro.

E allora, mai come in quel periodo, ho investito tutto il mio tempo e il mio denaro guadagnato con fatica i 3 anni prima di riprendere l'università. Ho speso tutte le mie energie, laureandomi immediatamente in Scienze della Comunicazione, per poi conseguire un Master in Coaching di altissimo livello.

Ho studiato i più autorevoli formatori e Mental Coach d'Europa, fino a ottenere la qualifica che pochi Coach in Italia possiedono: l'Advanced Master Practitioner di Programmazione Neuro Linguistica direttamente con Richard Bandler, co-fondatore della PNL.

Oggi sono più desideroso che mai di aiutarti a diventare grande. È lo scopo della mia vita.

Oggi, finalmente, ho la strategia vincente per poter accompagnare gli atleti agonisti al prossimo livello, aumentandone la percentuale di successo per passare al professionismo.

L'ho studiata, l'ho provata su me stesso mettendomi alla prova con sfide sportive personali, come la maratona di New York, e l'ho migliorata.

Oggi, tutti sanno che per ottenere l'Eccellenza da una performance sportiva c'è bisogno di saper utilizzare la propria mente come acceleratore di risultati e non come una limitazione alle nostre ambizioni. Allora consentimi di farti da assist-man per il più bel goal della tua carriera, permettimi di darti gli strumenti che avrei tanto voluto avere io a 14 anni quando sognavo la Serie A non da spettatore, ma da protagonista.

In questo libro ti spiego quali sono i passi che devi conoscere per raggiungere il successo ambito. Quali sono le criticità con le quali dovrai misurarti durante il tuo percorso di crescita e gli alleati che ti aiuteranno a vincere. Ti alleno a resistere ai momenti più duri e sfidanti, dandoti gli strumenti concreti per vincere quando vedi tutto buio, quando attorno a te non senti più nessuno e pensi di essere solo contro tutti.

So cosa significa. Ci sono passato diverse volte anche io!

Ti guido passo dopo passo nel percorso che devi necessariamente fare per raggiungere tutti i tuoi obiettivi e fare quel salto in avanti desiderato. Infine, ho creato per te un apposito workbook in cui troverai tantissimi contenuti extra, utili per esercitarti fin da subito a creare la tua mentalità vincente e robusta, scaricabile in qualsiasi momento a questo link:

http://www.christiancala.it/workbook

Buona lettura!
Christian Calà

# Capitolo 1:
# Il Ciclo del Successo applicato al calcio

Prima di iniziare a spiegare quali sono i passaggi che ogni persona di successo ha fatto per realizzare imprese straordinarie, voglio che tu sappia che devi essere prima disposto a fare una cosa: **cambiare**. Sì, perché se vuoi raggiungere il calcio professionistico e far parte di quella cerchia ristretta di calciatori che ce l'ha fatta, devi essere disposto a fare cose che fino ad oggi non hai mai fatto e probabilmente nemmeno pensato di fare.

Ma cosa significa?

Pensa un attimo in che cosa ti senti il più forte mentre sei su un campo da calcio. In che cosa i tuoi compagni, il tuo allenatore o addirittura i tuoi avversari ti riconoscono come "il migliore"? Prendiamo l'esempio di un giocatore che ha una visione di gioco sopraffina e con il piede destro "pennella" calcio disegnando traiettorie da sogno ma allo stesso tempo non usa il sinistro nemmeno per salire le scale.

Intendo proprio questo: o **decide** di migliorare anche col sinistro o non ha alternative. Questo calciatore è destinato a giocare in categorie inferiori se non decide di uscire dalla famosa "comfort zone", ovvero quell'insieme di comportamenti, abitudini e pensieri che hanno la capacità di darti la tranquillità di cui hai bisogno.

Una cosa che devi sapere prima di iniziare un percorso di crescita personale è che la mente è fatta per farci sopravvivere utilizzando il meno possibile le nostre energie. La mente cerca sollievo e sicurezza. Non vuole fare fatica, non vuole sudare, non vuole aiutarti a crescere. Ci dice costantemente: *"ma chi te lo fa fare?"*, *"dai, rimani a dormire un altro po'"*, oppure *"non ti allenare che fuori piove, rimani a casa al calduccio così eviti anche di ammalarti"*.

E invece NO!

Se vuoi davvero diventare un giocatore più forte, devi essere disposto a cambiare. Devi combattere e vincere contro l'unico limite al tuo successo: **te stesso**.

Hai capito proprio bene, la sfida non è contro altri giocatori, contro altre squadre, contro il tuo allenatore che magari sceglie di non schierarti in campo per 10 partite consecutive; la sfida è solo contro te stesso.

A ogni atleta che ho il privilegio di allenare ricordo che l'unico modo per crescere realmente è **cambiare**, uscire dal nostro seminato che nel tempo ci siamo costruiti e che conosciamo alla perfezione, alzarci da quella comoda poltrona sotto il sedere che limita la nostra evoluzione. È un po' come voler diventare il miglior esploratore del mondo senza uscire mai di casa. Impossibile.

Per me è inutile girarci ancora attorno.
Raggiungere il professionismo non è una passeggiata. Raggiungere il professionismo significa essere Grandi. Significa essere i più forti. Significa aver fatto qualcosa che gli altri non sono riusciti a fare perché non sono stati disposti a pagarne il prezzo.

Molti giocatori che ho seguito dicono di voler arrivare al top, in Serie A o addirittura di voler essere il prossimo Cristiano Ronaldo o il prossimo Lionel Messi; vincere il pallone d'oro e la Champions con la propria squadra. Ma la verità è che non sono disposti a fare i sacrifici necessari per raggiungere questa grandezza. Hanno altre preoccupazioni e commettono l'errore di fare troppe cose insieme, più o meno importanti. E va benissimo così. In fin dei conti, questa grandezza che cercano, non è per tutti.

"*There ain't no such thing as a free lunch*" è la famosa espressione per dire "non esistono pasti gratis", ovvero, c'è sempre un prezzo da pagare e non puoi raggiungere il tuo obiettivo in cambio di niente.

Non per forza è un prezzo economico – benché una componente economica ci sia quasi sempre –, è un prezzo che riguarda anche tutte le risorse interne ed esterne che possiedi, tra tutte il tempo e le energie mentali e fisiche che dovrai essere disposto a investire per studiare e allenarti tutti i giorni.

Servono molti sacrifici. Bisogna fare scelte e prendere decisioni difficili. Anche le persone che ami devono rinunciare a qualcosa, quindi dovrai poter contare su amici e parenti comprensivi. E non sempre le persone attorno a noi capiscono quanto impegno è necessario affinché tu possa raggiungere il tuo sogno "impossibile". Anzi, per esperienza ti confido che a volte ti troverai tu, da solo con le tue paure, ad affrontare la realtà per le tue ambizioni e i tuoi sogni. Solo con te stesso.

Ricorda che quando ti troverai a vivere questa condizione, sarai finalmente arrivato nel momento in cui devi armarti di **costanza, disciplina** e **coraggio**, sfidando te stesso per dare concretezza al tuo sogno.

Quindi devi davvero decidere di **investire su te stesso** per capire come andare a ricavare quelle risorse di cui ho parlato fino ad ora. Altrimenti quel sogno resta solo un sogno chiuso nel cassetto più nascosto del ripostiglio, buio e pieno di polvere, che ogni tanto andrai a cercare per guardare quello che poteva essere ma non è stato e per dare una spolverata piena di rammarico alle tue ambizioni.

Dev'essere inoltre un **percorso** di crescita e di consapevolezza che, **col tempo**, ti farà acquisire nuove abitudini, nuovi comportamenti utili al tuo scopo, nuovi modi di pensare e di agire.

Non puoi pensare di diventare un calciatore professionista domani. Dovrai essere davvero disposto a metterti in gioco con coraggio in ogni opportunità che la vita ti prospetta davanti.

Pensa a quando hai imparato la prima volta ad andare in bicicletta. Probabilmente ti tremavano le gambe per cercare il giusto equilibrio. Ogni volta che oscillavi troppo in una direzione, dovevi subito correggere l'inclinazione, altrimenti ti ritrovavi sbilanciato dall'altra parte, rischiando dunque di cadere e farti male.

Questo è esattamente il percorso che dovrai essere disposto a fare. Vivrai momenti grandiosi, altri saranno sfidanti, altri ancora saranno divertenti, altri saranno terrificanti oppure, al contrario, saranno delle passeggiate. A volte dovrai correre per raggiungere chi ti sta davanti, mentre altre volte ancora dovrai rallentare o addirittura fermarti per capire in che direzione stai andando. Insomma, non puoi pensare di raggiungere il calcio professionistico camminando in linea retta.

Infine, ci sono quei calciatori che preferiscono rimanere delle promesse piuttosto che lanciarsi nel mondo del professionismo e delle responsabilità. Non c'è nulla di male. Basta esserne consapevoli e soprattutto: **accettarlo**!

Io ad esempio ero uno di questi. Tecnicamente molto abile e molto veloce, ma ho sempre preferito rimanere dov'ero giustificando questa mia decisione come *"attaccamento alla maglia"*.

In realtà, come ho detto inizialmente, anche io possedevo la volontà di diventare un calciatore professionista, ma non ero assolutamente disposto a pagare il prezzo e fare sacrifici a 14 anni, o molto più semplicemente, mi bastava essere considerato uno dei migliori nella mia squadra. Stop.

Di fatto però, molti giovani calciatori hanno questa volontà di pagare il prezzo del cartellino ma non sanno come fare perché non hanno gli strumenti e le competenze per farlo.
E io sono qui per questo.

Ciò che voglio che tu sappia è che non importa da dove parti, la tua età anagrafica e nemmeno chi sei.
Non importa se sei già un calciatore semi professionista che milita in serie D o sei un dilettante che gioca in seconda categoria.
Non importa se oggi giochi negli allievi del tuo piccolo paesino di montagna o nella Primavera di una grande società professionistica.
Se cerchi su internet troverai tantissime storie di successo di atleti prima sconosciuti, arrivati dai luoghi più disperati di sempre o considerati "troppo vecchi" per fare il grande salto e che poi hanno raggiunto "l'impossibile".
Ciò che importa sono soltanto la tua volontà, la determinazione e la motivazione che possiedi nel voler **cambiare per crescere**. Se sei disposto a pagare quel prezzo, allora questo libro fa al caso tuo.

Ora, ti chiedo di riflettere un attimo sul dove ti trovi.

Quali risultati hai ottenuto fino ad oggi? In quale squadra stai giocando? In quale categoria sei arrivato? O magari sei quel calciatore che è arrivato a giocare per una grande realtà professionistica ma, per quasi tutto l'anno, ha fatto panchina.

Ti sei mai chiesto per quale motivo hai raggiunto questi risultati? E ancora di più, ti sei chiesto da cosa dipendono?

Dopo aver risposto velocemente a queste domande, voglio che torni con la mente a un momento in cui hai ottenuto un grande risultato. Non per forza dev'essere un episodio calcistico; può essere anche un bel voto a scuola dopo una difficile interrogazione o un esame universitario passato, oppure una medaglia vinta alle gare scolastiche di atletica. Concentrati su una qualsiasi performance ti abbia portato a raggiungere un risultato pazzesco.

Io ad esempio ricordo con piacere la mia maratona di New York. Credo che ad oggi sia stata in assoluto la performance sportiva più impegnativa e sfidante della mia vita poiché, nonostante le implicazioni durante la preparazione atletica, ho raggiunto davvero un **risultato** sorprendente.

Ma come? Non mi dirai che un Mental Coach che conosce perfettamente le dinamiche mentali che nascono all'interno della propria mente, ha dovuto lottare, sudare e combattere contro i propri limiti?

Ebbene sì. Non si scappa e io non sono escluso da tutto il processo per il raggiungimento di un risultato straordinario.

Non c'è Mental Coach che regga. Tutti ci devono passare!

Lo ricordo come se fosse oggi. Mancavano 8 mesi alla maratona di New York e da zero mi stavo preparando con un mio amico già da 2 mesi e mezzo.

Il giorno del mio 27° compleanno avevo deciso di aiutare i miei ex compagni di squadra in una partita di calcio, perché in difficoltà.

Al mio primo tiro in porta, "*trac*", era il rumore del mio alluce. E mi dico che non importa, "*sono un Coach*", continuo a giocare!

A caldo il dolore manco lo sento.

Peccato che poi il corpo decide di fartela pagare così che, durante la notte, per quanto tu tenti di addormentarti, il dolore vince su ogni tentativo di distrazione.

Quella notte "dormivo" a casa mia da solo. Mi ero trasferito da poco.

Volevo andare per l'ennesima volta al pronto soccorso così mi avrebbero "bombardato" di antidolorifici e, nonostante sapevo che il dolore era talmente forte che non avrebbero fatto chissà quale effetto, avrei forse potuto chiudere occhio per almeno un'ora.

Ho chiamato di corsa mio papà a notte fonda: *"ti prego, vienimi a prendere che non riesco neanche ad appoggiare i piedi a terra"*.

Dopo un po' di discussioni, è corso a prendermi.

Arriviamo in ospedale dove ormai molti degli infermieri e dei medici mi conoscevano come *"il calciatore distrutto"*.

Ma non posso far altro che ricordare con mia frustrazione e sgomento quando il chirurgo del pronto soccorso mi ha diagnosticato davanti a mio papà, incredulo, una patologia per cui, se avessi calciato ancora un pallone, mi avrebbero amputato entrambi gli alluci dei piedi.

*"Ragazzo, per l'ennesima volta, lei la deve smettere di giocare a calcio oppure la prossima volta saremo costretti ad amputarle gli alluci."*

Il dolore che ho provato in quel momento alle dita dei piedi per una serie di infortuni mai del tutto curati era talmente forte, che inconsciamente mi ha fatto dire:

*"La prego, tagli e non rompa più le palle!"*.

Fortunatamente con me c'era mio padre che ha fermato ogni mia sorta di pazzia.

Sono passati altri 2 mesi e intanto il mio amico era più intenzionato che mai a partecipare alla prossima edizione della maratona di New York.

Il giorno che mi ha chiamato per chiedermi di fargli da accompagnatore alla maratona, ho detto subito di sì.

Sì, perché per un legame di profonda amicizia, quasi fratellanza che ci lega, mi ha fatto ricordare i sacrifici che ho fatto per quasi 3 mesi nell'andare a correre 4 o 5 volte a settimana. Tempo, energia e sudore, per cosa poi? Perché devo essere io quello penalizzato? Perché mi ritrovo a essere lo sfigato coi piedi distrutti?

Questi erano i **pensieri** e le **domande** che più mi ponevo durante le giornate.

Ma poi, dopo l'ennesima visita specialistica, il medico mi ha dato l'ok per riprendere a correre. E così un pensierino l'ho fatto subito, e allora, perché no?

Piano piano, iniziando con un allenamento leggero, e poi 2, e poi 3, **mi dico**: *"wow, mi sento sempre più forte"*, *"vuoi vedere che se continuo ad allenarmi con questa costanza, disciplina e motivazione, posso davvero preparare una maratona, da zero, in 6 mesi?"*. Le mie **convinzioni** iniziano a cambiare.

Non ci penso due volte e chiamo il mio amico Gabriele per chiedere se ci fosse ancora la possibilità di trasformare la mia postazione da spettatore a corridore, e, dopo un paio di mail e telefonate con l'agenzia viaggi che organizza l'evento per gli italiani, la risposta è positiva!

*"Chri, preparati, tra meno di 6 mesi si parte per New York!"*
Inizio immediatamente a **studiare** sia libri motivazionali sulla maratona di New York che quelli tecnici per acquisire la strategia migliore per correre e spendere meno energie preziose possibili. Riprendo ad alimentarmi come si deve e continuo a leggere libri che mi insegnano a creare la tabella di allenamento perfetta. Insomma, faccio tutte le **azioni** possibili per essere all'altezza dell'impresa. D'altronde si trattava di 42 km per una maratona considerata da tutti la Regina, una corsa con uno dei tracciati più

ostici da affrontare e sostenere, non potevo andare del tutto impreparato.

Inoltre, la mia intenzione era quella di correrla entro le 4 ore e mezzo per essere citato il giorno dopo nel *New York Times*, il più autorevole giornale mediatico del mondo, con tanto di nome, cognome, nazionalità e tempo percorso.

Non sono il ragazzo che si limita a partecipare e arrivare fino in fondo e basta. Non sono quel tipo di individuo che corre ma poi si ferma e cammina perché tanto, piano piano, il traguardo a Central Park lo raggiungi anche tu. Tanto, anche se ci metti 8 ore e mezzo, la medaglia te la danno lo stesso.

No! Piuttosto non partecipo neanche. Ho tutto dalla mia parte per poter fare un tempo degno di nota. Sono giovane, sono un atleta, ho testa, ho motivazione, ho finalmente due piedi che mi reggono il corpo e allora vado a New York, corro dando tutto me stesso, rispettando la maratona e vincendo la mia sfida.

Il mio **stato d'animo** era al settimo cielo e la **decisione** di correre la maratona di New York era stata presa. Anche io, come il mio amico, avevo acquistato la pettorina per correrla.

Ma purtroppo le cose non vanno sempre come vogliamo noi e la vita ti sfida forse nel momento in cui pensi di essere invincibile, o peggio ancora, quando tutto va storto ti dà il colpo del "K.O." definitivo.

Proprio così, ero a Milano Marittima per un corso di formazione e al mattino ero pronto a correre i miei 10 km come da allenamento previsto in tabella. A un tratto sento un rumore al ginocchio destro, "*track*", come se si fosse staccato qualcosa.

Subito dolore. Tanto dolore.

Mi fermo immediatamente e torno in albergo zoppicando. Spero e incrocio le dita che non sia nulla di grave e una volta rientrato a Torino vado subito a farmi vedere.

Eccola lì. Stavolta mi diagnosticano qualcosa di nuovo per me: l'infiammazione della bandelletta ileo-tibiale, ovvero la "*sindrome del corridore*".

Devi sapere che noi calciatori non sappiamo correre. Mi spiego meglio. Noi possiamo correre come ci hanno insegnato da piccoli e, se sei stato fortunato, i tuoi primi allenatori ti hanno spiegato una tecnica corretta per correre le lunghe distanze.

C'è da dire però che un calciatore non corre 50 o 60 km a settimana come un futuro maratoneta, per cui potrebbe non risentirne anche se dovesse correre con una tecnica non del tutto appropriata alle meccaniche del proprio organismo.

L'impostazione della corsa è diversa da quella del giocatore di calcio, dato che tendenzialmente non hai né strappi né cambi di direzione percorrendo meno chilometri. Ed è proprio qui che nasce il problema, se hai una postura che ti porta a sovraccaricare il compartimento esterno del ginocchio come il sottoscritto, il problema che potrebbe verificarsi alla bandelletta ilio-tibiale è dietro l'angolo.

La cura? Non esiste una vera e propria cura.

Esiste il riposo, la fisioterapia, il rinforzo di caviglie, del vasto mediale, glutei, schiena, una rieducazione posturale e tutto il tempo che ci vuole in base al grado di infiammazione della zona colpita.

Di nuovo costretto al riposo forzato. Un nuovo incubo.

Giugno e luglio passati nello studio del fisioterapista, una, a volte due incontri a settimana. Tutti i giorni a fare gli esercizi di rinforzo assegnati ma, tra colleghi, amici e parenti che conoscevano bene la sindrome, l'unica sentenza che mi davano è: *"lascia perdere, la maratona non è cosa per te"*.

Ok, è arrivato quel famoso momento in cui ti senti solo contro tutti.

Nessuno **crede** in te, addirittura i tuoi genitori ti danno del "pazzo".

Gli unici che sentivo vicini erano il mio amico Gabriele e il mio fisioterapista.

Molti dicevano che loro credevano in me perché uno voleva farsi accompagnare e l'altro voleva farsi pagare. Ma se c'è una cosa che riesco a fare bene è riconoscere subito chi sta godendo delle sue menzogne o crede davvero nelle potenzialità di chi ha di fronte. Attento! È il mio lavoro.

Inoltre, mi ero esposto tantissimo, ormai tutte le persone a me vicine sapevano del grosso investimento economico e di tempo fatto per correre quella maratona. Io rimanevo comunque più **deciso** e **convinto** che mai di andare lì e finirla.

Forse non avrei potuto più correrla in 4 ore e mezzo ma con tutte le cose che mi sono successe, voglio comunque provarci e dare tutto ciò che possiedo.

Metà luglio. Gianluca, il fisioterapista, mi dà l'ok per riprendere a correre ma mi suggerisce di non sforzarmi troppo: *"Christian, appena senti dolore, fermati"*.

Vado con Gabriele al parco per iniziare a correre 5 km e, a metà del 1° km, dolore. Mi fermo. Faccia visibilmente nera. **Frustrato, confuso, incazzato!** Non ne potevo più.

Pensavo al fatto che a distanza di 3 mesi sarei dovuto partire per New York, io, che non ho mai fatto una gara da 10 e nemmeno 5 km a differenza di Gabri che ne aveva già alcune nelle gambe.

*"Ma dove vuoi andare? Fatti furbo e stattene a casa che fai più bella figura."*

Ormai i **pensieri** più ricorrenti che facevo erano di una persona che non poteva più resistere agli urti della vita. Un ragazzo deluso dal fatto che, per quanto lui creda veramente in se stesso, il risultato che ha ottenuto è: *rimani a casa che è meglio.*

Passa una settimana, torno da Gianluca che prima mi consola, poi mi propone nuovi esercizi da fare in casa e poi mi motiva a **insistere** e **agire**.

Mi viene subito in mente una cosa che mi ha raccontato una delle persone che mi ha formato per fare questa professione: *"insisti fino al successo"*.

Dato che non avevo nulla da perdere, dato che mi ero esposto con tutti, dato che tra visite specialistiche, fisioterapia, alimentazione, viaggio e pettorale, vitto e alloggio, avevo speso una cifra economica difficile anche solo da quantificare, ma soprattutto gli atleti che seguivo si aspettavano una reazione da parte mia, per l'ennesima volta avevo **deciso** di farmi coraggio e insistere fino alla fine.

Agosto, 3 mesi esatti dalla partenza. Riprendo a correre con **costanza** ma sempre con qualche acciacco. Stavolta i dolori sono sopportabili. Mi armo di pazienza e continuo con **disciplina** e perseveranza.

**Decido** anche di imparare a correre, **formandomi** studiando dei libri e guardando dei video su YouTube. Intanto arriva settembre.

Addirittura, il fisioterapista che continua a **credere** in me quasi quanto ci creda io, mi accompagna a fare il mio primo *lungo* da 23 km, correndo con me circa 15 km.

Dopo il mio primo *lungo* mi faccio ancora più **coraggio**. Ora sono **consapevole** che posso continuare ad allenarmi e mettere gli ultimi 20 km che mancano nelle gambe, per finire la maratona.

Forse non potrò chiuderla in 4 ore e mezzo ma potrò dire di aver messo tutto me stesso.

Continuo a **insistere** facendo ogni giorno esercizi di rinforzo con 3 allenamenti a settimana, non di più poiché il rischio che torni l'infiammazione è troppo grande. Continuo a nutrirmi bene, come farebbe un atleta professionista che punta a ottenere il massimo.

E grazie ai molti investimenti di tempo, energie e soldi, grazie ai sacrifici che ho fatto, noto subito come le mie prestazioni migliorino giorno dopo giorno, fino alla partenza per gli Stati Uniti.

Ed eccomi qua, 3 novembre 2019, 49° edizione della Maratona di New York, confido a Gabriele che mi sento forte e mi sento all'altezza dell'impresa.

*"Gabri, io me la gioco fino alla fine, oggi corro forte perché mi sento di poterla chiudere in 4 ore e mezzo."*

Mi fa gli scongiuri del caso e ci promettiamo a vicenda di ritrovarci trionfanti al traguardo. Lui ha un obiettivo diverso dal mio, quindi decidiamo di fare ognuno la propria gara.

La storia della mia prima maratona si conclude con lacrime e abbracci prima con diversi sconosciuti e poi con il compagno di questa fantastica avventura.

Ero riuscito nell'impresa di portare a casa sua maestà *"New York Marathon"* in 4 ore 3 minuti e 24 secondi.

Nessuno.

Nessuno.

Ma proprio nessuno, poteva credere anche solo lontanamente che, nelle condizioni atletiche e fisiche in cui riversavo, potevo raggiungere un risultato di questa portata.

Al solo pensiero, in questo momento, rabbrividisco per cosa sono riuscito a fare.

Oggi, proprio mentre scrivo questo libro, alzo la testa e guardo orgogliosamente quella gigantesca medaglia in ottone a forma di "grande mela" appoggiata al *New York Times* e al mio nome trascritto che rimarrà indelebile nella storia di questa maratona.

*"I am a marathon runner!"*

Ho scoperto che il **percorso** che porta una persona qualsiasi a correre una maratona, con tutti i suoi alti e bassi, è la metafora perfetta della nostra vita. Non puoi pretendere di camminare in linea retta nel perseguimento di un obiettivo per te prestigioso.

Ci saranno sempre quei momenti in cui ti sentirai distrutto, solo, confuso e, proprio in quei momenti lì, devi armarti di coraggio, fare un bel respiro profondo e continuare a **insistere fino al successo**, con costanza e disciplina.

Ma in realtà sai cos'ho appena fatto?

Ti ho appena spiegato l'intero *"Ciclo del Successo"*, ovvero quel processo con cui ragionano i campioni dello sport per raggiungere **risultati straordinari**, raccontandoti la storia della mia maratona.

Ciò che hai appena letto tra le righe, vivendo insieme a me l'esperienza che mi ha portato prima a sognare quella medaglia al collo e poi a possederla concretamente fra le mani, viene chiamato nel mondo della formazione e della crescita personale: *Ciclo del Successo*.

Ti chiederai cos'è accaduto o com'è possibile che io sia riuscito a dimostrarti l'argomento principale di questo capitolo senza mai citarlo.

Ti voglio tranquillizzare, è tutto normale. Anzi, so perfettamente che il modo migliore di apprendere qualcosa di nuovo sono le storie e le metafore, per questo motivo ti assicuro che arrivato fino a qui, hai già appresso inconsciamente il meccanismo che ti porterà a partire da oggi stesso a raggiungere risultati importanti.
Bello vero?

Prima che tu vada a rileggere la storia della mia maratona e concentrarti sulle parole chiave che ho messo in **grassetto**, voglio che metti ancora un attimo l'attenzione sulle prossime mie righe, così da spiegarlo anche tecnicamente.
So già che mentre lo descrivo, continuerai a notare che in realtà è un processo tecnico molto semplice ma soprattutto molto efficace.
Quindi, iniziamo subito!

Parti dall'idea che tu vuoi ottenere un **risultato**. Che sia personale o che sia di squadra, adesso non ha importanza.
Questo risultato dipende dalle tue **azioni**, è una regola fondamentale: se fai poco o niente, otterrai poco o niente, quindi il presupposto fondamentale è **agire**. Bellissima la citazione anonima

che viene erroneamente attribuita ad Albert Einstein: *"Folle è colui che fa sempre le stesse azioni aspettandosi risultati diversi"*.

Ma da cosa dipendono le tue azioni?

Dalle **decisioni** che prendi: decisioni di qualità portano ad **azioni** di qualità e di conseguenza a ottenere **risultati** di qualità.

Decisioni del cavolo, ti fanno fare azioni del cavolo e molto probabilmente ti portano a ottenere risultati del cavolo.

Ma ti sei mai chiesto le tue decisioni da cosa sono condizionate?

Dipendono dal tuo **stato d'animo** che dipende dalle **convinzioni** che ti sei creato e dai **pensieri** che fai.

Riflettici un attimo, se fai pensieri depotenzianti, ovvero il tuo dialogo interno non ti sta aiutando a crescere, anzi non fa altro che darti addosso, la prima conseguenza è la creazione di convinzioni limitanti che ti ricordano cose del tipo *"io non riuscirò mai a diventare un atleta professionista, mi manca sempre qualcosa"* oppure *"sono troppo basso e vecchio per…"*.

E com'è il tuo stato d'animo dopo questi pensieri e queste convinzioni? Le decisioni che prenderai e le azioni che farai, così come i risultati che otterrai, come saranno?

Indovina.

Ma ora il punto che ci interessa sapere è: da cosa dipendono i tuoi **pensieri**?

Dipendono dalla tua **programmazione mentale**, dal tuo "**mindset**". È tutto ciò che succede nella tua testa, ciò che ti fa ragionare in un certo modo e di conseguenza conduci la vita in una certa maniera.

Si dice che qualsiasi impresa di successo, qualsiasi performance sportiva, scolastica, personale o professionale che sia, è composta dal 90% dalla propria programmazione mentale e soltanto dal 10% dalla tecnica.

Io, ora non so se questo dato è effettivamente vero o meno, ma sono consapevole del fatto che per una performance eccellente, ovvero il meglio che si può ottenere, la componente testa incide molto di più dell'aspetto tecnico-tattico e di quello atletico-fisico.

Pensa ad esempio a un calciatore che tecnicamente è un fuoriclasse e mentalmente sta benissimo, ma si è lievemente infortunato. Decide comunque di stringere i denti e giocare la sua partita.

Quanto incide **l'infortunio** secondo te in partita da 1 a 10, dove 1 è nulla, mentre 10 è una prestazione completamente compromessa? Secondo me massimo 3.

Poi pensa allo stesso giocatore che mentalmente sta sempre molto bene e che atleticamente e fisicamente corre per una squadra intera, ma tecnicamente non è colui che ci aspettiamo faccia la differenza con una sua giocata. Anche qui, quanto incide secondo te la sua **carenza tecnica** in partita da 1 a 10?

Secondo me siamo sempre sul 3 o addirittura azzarderei un 2 dopo aver visto giocatori di un certo livello a fare la differenza anche solo grazie a testa e polmoni.

Infine, pensa allo stesso atleta agonista, un fuoriclasse indiscusso, tecnicamente fortissimo, atleticamente e fisicamente in perfette condizioni, diciamo in perfetto stile *"Cristiano Ronaldo"* ma che, purtroppo, è appena stato lasciato dalla sua ragazza dopo anni in cui hanno condiviso tantissime esperienze. Niente, oggi non ci sta proprio con la testa.

Secondo te quanto incide in partita da 1 a 10?

Io evito di rispondere perché ne ho viste e vissute talmente tante che forse sarei di parte.

Ma la risposta che spesso viene attribuita è comunque ben al di sopra della sufficienza. Sei d'accordo anche tu?

Sei d'accordo con me che per una performance di alto livello l'aspetto mentale è quello che va curato forse di più?

Eppure, in Italia siamo abituati a concentrarci più sull'aspetto tecnico-tattico con ore e ore sul campo da gioco o davanti ai monitor per studiare la tattica migliore per la partita della domenica. Poi altrettante ore in palestra per curare al massimo il proprio corpo e il proprio fisico. Infine, una piccola parte – o a volte nemmeno quella – per l'aspetto mentale e psicologico.

Come mai quando chiedo ai giocatori di qualsiasi età e categoria, soprattutto ai professionisti, quanto conta la testa da 1 a 10 in una performance calcistica, mi rispondono tutti 9 o 10?

È proprio così.

La tua **programmazione mentale** è ciò che influisce in maniera profonda sulla qualità dei **risultati** che puoi ottenere.

La domanda che mi fanno solitamente gli atleti più curiosi è: *"Coach, ma quindi come si fa ad allenare la programmazione mentale?"*.

Bella domanda ragazzo!

Lavorando su due aspetti che la compongono: la **conoscenza** e l'**atteggiamento mentale**.

Proprio così, il *Ciclo del Successo* dipende da questi due fattori.

Significa che devi studiare il più possibile tutto ciò che si può imparare come i prossimi avversari, la tecnica di gioco, la tattica, il proprio corpo, la propria mente, i compagni, l'allenatore, il regolamento, lo stadio e l'ambiente della prossima partita di campionato e perché no, anche gli arbitri. Potrei farti una lista lunga 10 pagine con le cose che per me dovresti studiare, ma qui sta a te capire tutte le cose in più che puoi fare, studiare e quindi conoscere.

Ciò che so io è che i migliori atleti della storia hanno allenato un atteggiamento quasi ossessivo nell'imparare ed essere sempre più consapevoli dei loro mezzi, per poi eccellere sugli avversari.

Mentre, per quanto riguarda l'atteggiamento mentale, l'unico modo reale per allenarlo è iniziare a pensare che sono le piccole cose che ti portano a fare il grande cambiamento che stai cercando.

È semplice: la volta in cui sei consapevole che non hai alcuna voglia di svegliarti e alzarti dal letto, tu ti alzi. Stop!

Questa è la prima cosa che devi fare per allenare il tuo atteggiamento mentale. Ma ti avverto, non basta farlo 3 giorni di seguito. Ci vogliono **costanza** e **disciplina**, due risorse che i calciatori professionisti conoscono molto bene e che vedremo nel dettaglio nei prossimi capitoli.

Il processo di cambiamento, cui è dedicato questo capitolo, riguarda tutti gli aspetti interni dell'esistenza: valori e convinzioni, pensieri e stati d'animo, decisioni e azioni, ed è tanto più efficace quanto più riesci a comprenderli tutti.

# CICLO DEL SUCCESSO

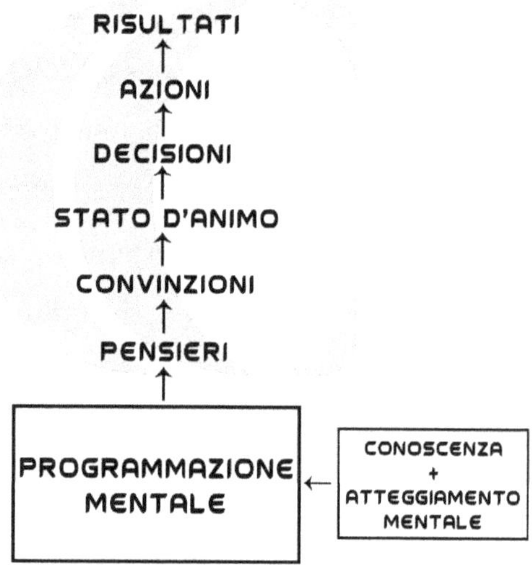


Sei anche tu un atleta interessato ad allenarti e consapevolizzare sempre più il *Ciclo del Successo*?

Corri a scaricare il workbook che ho appositamente creato per te per esercitarti a padroneggiare questo metodo!

Link: http://christiancala.it/workbook

RIEPILOGO DEL CAPITOLO 1:

- SEGRETO n. 1: Se non stai "sudando" o facendo fatica, non stai uscendo dalla tua *comfort zone*, quindi non stai cambiando e di conseguenza non stai nemmeno crescendo.

- SEGRETO n. 2: Per uscire dal tuo seminato devi ricordarti che tutte le cose sono difficili prima che diventino facili.

- SEGRETO n. 3: Per ottenere qualcosa a cui tutti ambiscono ma che quasi nessuno riesce a raggiungere, devi essere disposto a fare qualcosa che non hai mai fatto.

- SEGRETO n. 4: Se ti esponi raccontando i tuoi obiettivi e le tue ambizioni, sei più incline a lavorare e fare sul serio per raggiungere il risultato desiderato.

- SEGRETO n. 5: È nel momento di dolore e confusione che, agendo e reagendo, rinforzi la tua programmazione mentale e forgi il tuo destino.

- SEGRETO n. 6: Tutte le persone e gli atleti di successo possiedono una programmazione mentale completamente differente dalle persone che non raggiungono i risultati desiderati.

- SEGRETO n. 7: Se insisti e resisti, raggiungi e conquisti.

# Come ho parato il rigore di Cristiano Ronaldo di Stefano Sorrentino

Mi sono sempre chiesto cosa ci fosse dietro un grande gesto tecnico: un calcio di rigore, un goal in rovesciata o un rigore parato. Finché non ho incontrato Stefano Sorrentino, ex calciatore professionista con quasi 400 presenze in Serie A e testimonial di Insuperabili Onlus.

Stefano è stato per tanti anni il primo portiere del Palermo e del Chievo Verona, squadre delle quali è diventato anche capitano e bandiera.

Ha manifestato una grande continuità di rendimento anche in età avanzata, dimostrandosi uno dei migliori portieri della massima serie.

Ringrazio Stefano per avermi dato l'opportunità di intervistarlo al fine di scoprire il segreto del primo portiere in Italia ad aver parato un calcio di rigore a Cristiano Ronaldo.

Grazie per il regalo che hai fatto a tutti i giovani sognatori che ambiscono un giorno di diventare calciatori professionisti come te.

Iniziamo:

**Christian**: *"Ricordi come ti sei preparato dal punto di vista tecnico?"*

**Stefano**: *"Mi sono preparato come mi sono sempre preparato in tanti anni di carriera. Ho sempre avuto questa* **passione** *nel voler parare i rigori, quindi li* **studiavo tanto** *durante la settimana al fine di vederli il giorno della partita al mattino, prendere una* **decisione** *e scegliere una strategia per ogni giocatore.*
*Però, sai, dire ho parato il rigore a Ronaldo, ho parato il rigore a Milito o a chiunque ci sia adesso, è troppo semplice, perché dietro al rigore parato c'è* **uno studio incredibile**.
*Io decidevo in base a quanti rigori tiravano, in quale porta erano, in quale stadio, risultato della partita, se arrivavano da un risultato positivo, da un risultato negativo, com'era il momento di forma del giocatore, primo tempo, secondo tempo, risultato della partita.*

*Insomma, spaccavo il capello in quattro indipendentemente se calciava Ronaldo o se calciava un altro.*

*Mi sono preparato tecnicamente come mi sarei preparato con qualsiasi altro, con la differenza che a Ronaldo non l'aveva ancora parato nessuno, anche perché la media era una media imbarazzante per i portieri perché erano quasi tutti goal, quindi per rimanere nella storia, bisognava pararlo.*

*[...] La preparazione a questo livello passa dalla **cura del dettaglio**."*

**C**: *"Invece dal punto di vista mentale, come ti eri preparato a quel momento?"*

**S**: *"I tiratori ho sempre cercato di guardarli tanto negli occhi, perché sai, alla **fine è tutto psicologia** il calcio di rigore. Mi piaceva guardare le loro espressioni e scrutare ogni particolare, perché nei rigori che avevano già calciato e che io andavo a studiare precedentemente, notavo determinate cose.*

*In base a come si muovevano e a cosa facevano, io andavo a definire la mia strategia e **decidere** da che parte buttarmi o se buttarmi.*

*Poi c'è chi ti guarda, chi non ti guarda, chi ti sorride, chi magari lo conosci e gli fai la battuta e quindi sai, dipende da chi hai di fronte e da ciò che osservi dopo che ti fischiano il rigore contro.*

*Anche se poi dopo, parare il rigore in Serie A, è sempre difficilissimo aldilà di chi lo tira."*

**C**: *"Ti ricordi anche qual è stata la tua prima reazione nel momento esatto in cui l'arbitro fischia e indica il dischetto? Cos'hai provato?"*

**S**: *"Mi ricordo solo che ero arrabbiato perché secondo me non era calcio di rigore, per cui continuavo a protestare; ma tanto avevo già deciso qual era la strategia con Cristiano.*

*Addirittura al mio migliore amico, nonché testimone di nozze, avevo già detto al mattino dove mi sarei tuffato nel caso in cui avessimo avuto un rigore contro.*

*Infatti ho ancora il video nel quale si vede lui in tribuna che dice che mi sarei buttato alla mia sinistra e se la palla non è alta, non è rasoterra ed è a mezza altezza, la paro.*

*Così è stato!"*

**C**: *"Hai parlato inizialmente di rabbia quando l'arbitro fischia un rigore che a tuo giudizio non c'è. Come l'hai gestita questa rabbia? Presumo molto velocemente dato che dovevi poi ritornare focalizzato nel parare il rigore e attuare la tua strategia."*

**S**: *"Ho sempre vissuto le partite molto attivamente, quindi per me era normale, ero un po' un rompi co*****i, passami il termine.* **Questa rabbia non mi toglieva nemmeno concentrazione,** *anzi,* **mi serve** *perché fa proprio parte* **del mio essere calciatore** *in quel momento lì."*

**C**: *"Ora Stefano vado un po' più nel dettaglio, per cercare di elicitare il più possibile la tua strategia.*
*La domanda che ti faccio è: a cosa pensavi quando eri a tu per tu con Cristiano Ronaldo, poco prima che calciasse?*
*Potrebbe essere una domanda difficile da rispondere poiché molto spesso viviamo ben al di sotto del nostro livello di coscienza. Spesso non siamo consapevoli dei pensieri che facciamo."*

**S**: *"Mi viene da dire che si è talmente concentrati che non si ha il tempo di pensare a nulla. Io cercavo solamente di* *autoconvincermi. Ricordo inoltre che avevo una sola paura: che lui me la calciasse centrale.*

*Visto ciò che era successo all'andata, con l'episodio dello scontro, allora mi son detto: "forse lui vuole dare quel tocco in più da campione che è. [...] Avevo Il timore che volesse "annientarmi" diciamo.*

*Avevo solamente quella preoccupazione.*

*Poi però **mi son detto** "no, no, aspetta un momento Stefano. Stamattina hai deciso la strategia da adottare quindi vai su quella e non cambiare".*

*Quindi più lo guardavo e più mi **convincevo** che fosse la scelta giusta andare dove poi sono andato."*

**C**: *"Arrivati a quel momento, eri quindi convinto di pararlo?"*

**S**: *"Sì! Io già dal mattino ero **convinto** di pararlo. Infatti puoi chiedere al mio migliore amico o a mia moglie che io al mattino gliel'avevo detto.*

***Era proprio una cosa che sentivo dentro.*** *Io lo sentivo. Lo sentivo proprio e dicevo: "senti se c'è un rigore io glielo paro!".*

C: *"Wow! Il potere delle convinzioni. Stefano come ti faceva sentire questa sensazione di piena convinzione?"*

S: ***"Mi dava una carica incredibile!***
*Anche se alla fine abbiamo perso 3 a 0, nonostante tutto essere convinto mi dava una carica incredibile."*

C: *"Ci credo!*
*Una volta che eri convinto di pararlo ed eri carico, è stato più semplice per te decidere da che lato tuffarti?"*

S: *"La verità è che tanto devi decidere quindi..."*

C: *"Quindi ti sei preparato **studiando** tutto nel dettaglio, hai creato la tua strategia vincente, eri **convinto**, eri **carico**, hai preso la tua **decisione**, infine hai **agito** tuffandoti da quel lato. Fine!"*

S: *"Esatto!"*

C: *"Fantastico! E come ti fa sentire ad essere attualmente l'unico portiere in Italia ad aver parato il rigore a Cristiano Ronaldo?"*

**S**: *"La gente si ricorda Sorrentino come portiere, con la ciliegina sulla torta che a quarant'anni ha fatto qualcosa che qualcuno non aveva ancora mai fatto.*

*Ho avuto la fortuna e la possibilità di affrontarlo e ho cercato di giocarmi le mie carte."*

**C**: *"Ti sei fatto trovare pronto e hai colto l'opportunità. Che consigli daresti ad un giovane calciatore che vuole diventare un professionista?"*

**S**: ***"Di non smettere mai di sognare****!! E che chiaramente i risultati arrivano sempre solo con **grossi sacrifici** e **tanto lavoro** perché nessuno ti regala mai nulla."*

Fine.

Commento del Coach:
Caro lettore, come puoi leggere dalle parole di Stefano, la strategia mentale che ha adottato inconsapevolmente per parare il calcio di rigore di Cristiano Ronaldo, non è altro che il Ciclo del Successo visto assieme nel primo capitolo.

Significa che basta questo per parare un calcio di rigore?

No!

Significa che il modo migliore per condizionare un risultato a tuo favore è la pratica costante, fino a creare la tua programmazione mentale di successo.

Devi **studiare** ogni dettaglio possibile. Devi imparare a padroneggiare i tuoi **pensieri**. Devi essere **convinto** delle tue capacità. Devi gestire il tuo **stato d'animo** per prendere le **decisioni** migliori per te e per la tua squadra. Infine, devi **agire** per ottenere il **risultato** desiderato.

Sì, è un concetto molto semplice ma molto efficace, e, l'unico modo per apprenderlo realmente, è fare tanto esercizio fino a renderlo un'automatizzazione. Fino ad arrivare a fare il gesto tecnico *perfetto* in modo inconsapevole come ha fatto Stefano.

Nei prossimi capitoli ti verrà svelato in che modo fare con le 4 fasi dell'apprendimento.

*Christian Calà*

# Capitolo 2:

# Luci e ombre nell'atleta agonista

Dopo aver appreso il processo con cui ragionano i professionisti per raggiungere risultati straordinari, è arrivato il momento di capire quali sono le criticità e gli alleati con cui dovrai misurarti durante il tuo percorso di crescita.

Per arrivare a questo, voglio iniziare con una metafora che ho sentito la prima volta da Livio Sgarbi, mio maestro e Mental Coach di grandi campioni dello sport quali Carlo Ancelotti, Antonio Conte, Sébastien Frey e il campione del mondo, Vincenzo Iaquinta.

**Risorse e Limiti**

Ora ti chiedo di immaginare di guidare una bella auto sportiva, scegli tu il colore e il modello. Una di quelle belle macchine sportive che vedi spesso guidare dai tuoi idoli sportivi o dagli imprenditori di successo.

Per esempio io amo immaginarmi guidare la "classica" Ferrari rossa fiammeggiante, o meglio ancora la monoposto di Maranello.

Inoltre, voglio che mentre sei su questo bolide, ti immagini su un tracciato completamente libero dal traffico. Ci sei solo tu in questo lungo rettilineo, quindi puoi spingere l'acceleratore della tua auto al massimo. Ora però immagina di non aver nemmeno mai sganciato il freno con l'altro piede. Cosa succede?

Molto probabilmente farai molto fumo e rumore, procurando danni al veicolo e non raggiungendo mai il massimo della prestazione.

Eppure sai anche tu che i freni sono essenziali in una vettura, soprattutto in un'auto sportiva o da competizione.

Pensaci ancora un attimo, i freni servono! Non sono negativi per definizione, devono esserci per riuscire a rallentare prima di una curva, per arrestare l'automobile davanti a un semaforo rosso o a qualsiasi altro pericolo. Quindi devono soltanto essere usati in modo appropriato.

Ciò che voglio dire è che quelli che spesso consideriamo essere i nostri limiti, **non sono completamente da screditare**. Anche loro hanno la loro funzione positiva, la questione è che dobbiamo saperli usare nel momento appropriato ma, per fare questo, bisogna innanzitutto esserne **consapevoli**.

Durante la mia esperienza decennale di allenatore di calcio, ho osservato molti calciatori che, dopo un grave errore, è come se non volessero più togliere *"il piede dal freno della loro auto"* per paura di sbagliare ancora. Più comunemente l'ho riscontrato nei rigoristi dopo aver sbagliato un rigore decisivo oppure nei classici *"numeri 9"*, i bomber sotto rete che all'improvviso non riescono più a buttarne dentro una *"neanche con le mani"*.

Come dimenticarsi del difensore che "regala" il rigore della vittoria alla squadra avversaria. È bastata una scivolata considerata scomposta dall'arbitro per non ritrovare più quella sicurezza e quella serenità che in passato gli aveva permesso di proteggere più volte il risultato coi suoi interventi.

Insomma, è un po' come aver fatto un incidente in auto e non voler più togliere il piede da quel freno per paura di sbattere ancora. Comprensibile ma assolutamente disfunzionale.

L'atteggiamento nei confronti dei limiti e dei blocchi deve essere di tutto **rispetto** e di **accettazione**. Il tuo obiettivo non dev'essere quello di staccare per sempre i piedi dai freni, ma sapere esattamente quando è il momento di utilizzarli per poi accelerare. Solo così potrai diventare un ottimo pilota.

Anzi, non ritieni anche tu che più i freni sono efficienti e di alto livello, meglio è?

Ricordo un giorno d'inverno di 5 anni fa quando stavo andando a una partita con la mia vecchia auto, la famosa *Fiat Stilo* di colore blu elettrico. Mi chiedo ancora oggi chi nel mio quartiere non la riconoscesse: ero stato l'unico ad aver avuto il coraggio di acquistare un'auto così appariscente. Spesso mi divertivo a "sgasare" nei tratti più lunghi e spaziosi delle campagne torinesi per sentirne la potenza del motore. Ho sempre amato la potenza delle automobili e la mia la trovavo fantastica.

Durante quel giorno, però, l'auto era stata utilizzata dai miei genitori, così che, quando sono sceso di casa per raggiungere i miei compagni al campo, mi sono ritrovato con la mia auto in riserva di carburante. Conoscendolo, anche mio padre probabilmente si era divertito a spingerla nei tratti più tranquilli e deserti della città.

Il campo sportivo in cui dovevo andare a giocare quella sera si trovava a circa 20 chilometri di distanza e ricordo bene come in quei giorni i benzinai fossero in sciopero in tutto il paese. Come spesso accade, quando nasce una difficoltà, subito un'altra ti si presenta davanti. Ma è tutto ok! Come direbbe Virginia Satir, psicoterapeuta statunitense: *"La vita non è come dovrebbe essere. È quella che è. **È il modo in cui l'affronti che fa la differenza**"*.

Quindi decisi di accertarmi dai miei genitori che l'auto fosse appena entrata in riserva, così, dopo la loro conferma, entrai in auto sereno. Ero sicuro che la macchina avrebbe potuto sostenere il viaggio di andata e ritorno senza fermarsi per mancanza di gasolio. Ero fiducioso che avrebbe potuto fare quei 40 chilometri più altri 8 o 9, alla ricerca di un distributore self-service.

Questa sicurezza era data dal fatto che più volte mi ero ritrovato in difficoltà con la mia vecchia *Fiat Stilo*, tanto è vero che, più di una volta, viaggiando mantenendo i limiti di velocità imposti in città, non si era mai fermata prima dei 50 chilometri dall'accensione della spia della riserva. Conoscevo benissimo quali fossero i suoi limiti. Sapevo perfettamente che sarei potuto andare un'altra volta a fare rifornimento proprio perché avevo già testato più volte il suo punto estremo.

Ciò che voglio dirti con questa breve storia accaduta non so più quante volte, è che se sei consapevole dei tuoi limiti e dei tuoi freni, tu sei destinato a fare la differenza sul campo e nella vita.

Contrariamente all'atleta che spinge con un piede al massimo l'acceleratore della propria auto, mentre con l'altro tiene premuto il freno per evitare di scontrarsi nuovamente con qualche fallimento. Conoscere i tuoi limiti ti permette di viaggiare con una marcia in più.

Il campione, come la maggioranza dei calciatori professionisti che si avvalgono delle competenze di un Mental Coach, conosce perfettamente quali sono i propri freni e le proprie risorse.

La prima cosa che bisogna fare per superare questi blocchi è esserne **consapevoli**, rispettarli, **accoglierli** e infine **usarli a proprio vantaggio**.

Per fare questo ti invito a prendere il workbook che ti ho fornito alla fine dell'introduzione di questo libro e di rispondere a questa domanda: *"Quali sono i limiti che fino ad oggi ritieni di avere?"*.

Questa è la prima domanda che pongo a un atleta quando mi chiede di voler migliorare le sue prestazioni.

Non avere fretta, prenditi il tempo di cui hai bisogno e segna tutto ciò che ti viene in mente e che ti ha impedito di fare la differenza sul rettangolo verde o nella vita di tutti i giorni.

Ma quali sono i modi per poter abbattere, superare o colmare i limiti appena consapevolizzati?
Questa è la domanda che di conseguenza mi viene posta giustamente dagli atleti.

Per spiegarti questo voglio che continui a utilizzare ciò che l'uomo sa fare meglio: **l'immaginazione**.
Alcune persone mi dicono che non ne sono in grado e allora gli chiedo di chiudere un attimo gli occhi, di pensare al colore dei sedili della loro automobile o di quella di un loro genitore. Dopo che mi hanno detto il colore gli chiedo come sarebbero se fossero di colore fucsia e se, a loro giudizio, si sarebbero abbinati con una cintura di sicurezza leopardata. Solitamente col fucsia vado sul sicuro poiché fino ad oggi non ho ancora trovato un mezzo di trasporto con sedili di questo colore; infatti, le espressioni che osservo fanno piuttosto ridere.

Già, **immaginare** è una cosa che sappiamo fare tutti in ogni momento della nostra vita, ed è un vero e proprio potere che abbiamo a nostra disposizione fin dalla nascita.

Torna un attimo a quando eri più piccolo. Probabilmente anche tu non avevi nemmeno bisogno di chiudere gli occhi per poterti immaginare al tuo meglio.

*"Immaginare"* come *"sognare ad occhi aperti"* ti veniva così semplice e naturale, mentre ora, col passare del tempo, tutto ti sembra più macchinoso e forse confuso.

Sembra quasi che la testa non sia mai nel presente, nel qui e ora. Sembra quasi che la testa sia sempre o nel passato a ricordare o nel futuro a immaginare. Forse è proprio così, ma con questo ti ho semplicemente dimostrato che non solo anche tu hai la capacità di immaginare, ma che lo fai continuamente durante il giorno. Quindi sta a te decidere se immaginarti nel bene o immaginarti nel male. A te la scelta!

Adesso però voglio tornare a spiegarti come superare quei blocchi che poco fa hai segnato sul tuo workbook. Ancora una volta ti chiedo di concentrarti e immaginarti sulla stessa auto sportiva di prima.

Bene, già che ci sei, goditi tutti i comfort dell'auto e fatti il giretto che preferisci. Non capita tutti i giorni di potersi sedere sulla vettura dei propri sogni, vero?

Allenati fin da subito a visualizzare ciò che vuoi vedere, sentire e provare poiché nei prossimi capitoli ti illustrerò le tecniche che i professionisti del mestiere utilizzano per migliorare le loro performance.

Ma adesso torna sulla tua bella auto. Stavolta ti sfidano in una gara *1 vs 1* e decidi di accettare il duello. Sai anche tu che per vincere avrai bisogno di due cose: **l'auto prestante** e **saper condurla al suo massimo**. Al contrario non avrebbe alcun senso presentarsi alla gara senza la miglior vettura e senza averne fatto la giusta pratica. Sarebbe una sconfitta annunciata in partenza.

In questa metafora la *macchina prestante* rappresenta la **risorsa esterna** di cui una persona dispone per affrontare le sfide della vita come una partita decisiva, un obiettivo da raggiungere o un problema da affrontare; mentre il *saper condurla al suo massimo* avendo fatto la pratica necessaria, rappresenta la **risorsa interna** di cui la persona ha bisogno per acquisire quella sicurezza indispensabile per vincere.

Proprio così. Per poter superare i limiti e i freni di cui abbiamo ampiamente parlato all'inizio di questo capitolo, per prima cosa puoi affidarti alle tue risorse interne ed esterne.

Il presupposto fondamentale è che, esattamente come per i limiti, ognuno di noi possiede delle risorse.

Spesso, tutto ciò di cui abbiamo bisogno è già dentro di noi.

Innanzitutto, distinguiamo e chiariamo le risorse *esterne* da quelle *interne*.

Le prime sono le risorse materiali come il denaro, le attrezzature, le persone, ecc. Ad esempio, per un calciatore le risorse esterne possono essere il campo di casa, le scarpe fatte in un certo modo, l'allenatore, i tifosi, il nutrizionista e tutte le attrezzature o le persone utili per raggiungere il top della performance.

Le risorse interne invece sono quelle personali come la sicurezza, la tranquillità, il coraggio, l'entusiasmo, la flessibilità, la concentrazione, ecc. Quindi si tratta di stati interiori che solitamente vanno a determinare molto di più il risultato finale.

Pensa a quando hai giocato la tua miglior prestazione ed eri in un pieno stato di grazia in perfetto equilibrio con te stesso. In quel preciso istante, forse inconsapevolmente, stavi utilizzando al meglio tutte le risorse interne ed esterne di cui avevi bisogno al momento.

Esattamente come per l'esercizio dei limiti, riprendi il tuo workbook e rispondi a questa domanda: *"Quali sono tutte le risorse interne ed esterne di cui disponi?"*.

Anche stavolta prenditi il tempo necessario per rispondere a questa domanda poiché, l'avrai senz'altro capito, è fondamentale avere coscienza dei propri mezzi come dei propri limiti.

Infine, riprendi l'esercizio dei limiti, e dopo averlo riletto, controlla se le risorse interne ed esterne che attualmente ritieni di possedere bastano per poterli superare.

Nel caso in cui non dovessero bastare, rispondi ancora a questa domanda: *"Quali sono le risorse di cui avresti bisogno ma di cui non disponi ancora?"*.

Se hai davvero un obiettivo ambizioso come dici di avere, un obiettivo per il quale necessiti di risorse che per ora non hai, che fai? Rinunci?

Ipotizziamo un calciatore che ancora non padroneggia un determinato gesto tecnico: una risorsa esterna potrebbe essere quella di affidarsi a un allenatore di tecnica individuale oppure di studiare dei video con i migliori calciatori al mondo che eseguono quel gesto con estrema naturalezza.

Oppure un atleta che ritiene di entrare in campo insicuro quando gioca fuori casa con i tifosi avversari agguerriti; potrebbe avvalersi di un Mental Coach capace di aiutarlo a ricavare la sicurezza necessaria o ricavare la strategia migliore dal compagno di squadra che la parola "insicurezza" non sa cosa sia.

Quindi se ti manca ancora qualcosa, individua quali risorse possono essere. È davvero un esercizio tanto semplice quanto di un'utilità incredibile se fatto con interesse e con la volontà di voler vincere e superare i propri limiti.

Ricorda che riconoscere le proprie debolezze e trasformarle in punti di forza è uno degli elementi che distingue i grandi giocatori dai campioni.

## Gestione dello Stato d'Animo

Avevo 16 anni quando, con la mia vecchia squadra, stavo giocando una partita decisiva della Coppa Piemonte. Mi pare fossero i quarti di finale, sicuramente una partita da *dentro o fuori* dato l'esito dell'incontro.

Ricordo che era un torneo in stile "Coppa Italia", ovvero in base a un sorteggio giocavi lo scontro diretto o in casa tua o in trasferta. Quella volta eravamo stati fortunati, giocavamo nel nostro campo. Purtroppo lo ricordo molto bene poiché, in uno scontro aereo, una manata al naso mi fratturò il setto nasale. Come dimenticarselo? Era la partita delle mie *"prime volte"*.

*Prima volta* per me con il naso girato da una parte sola. Facevo piuttosto ridere.

Inoltre, devi sapere che *dolore* e *piacere* sono due leve motivazionali talmente forti che ti permettono di associare un momento ben specifico della tua vita. Grazie a loro puoi ricordarti vividamente ciò che hai vissuto, tutto ciò che hai visto, sentito e provato, quasi come se lo stessi vivendo in tempo reale, nel qui e ora.

In questo caso ricordo che era una domenica mattina e che nonostante fossimo abituati a giocare alla sera, abbiamo fatto una gran bella prestazione contro una squadra molto attrezzata. La partita finì in pareggio, ed era la volta per Beppe, il nostro Mister, di scegliere i 5 rigoristi.

Non c'era bisogno che me lo dicesse, da capitano della squadra facevo parte dei "fantastici 5". L'unica cosa che mi disse è: *"Capitano sei il primo"*.

Il mio primo pensiero: *"che culo!"*.

Era la *prima volta* che calciavo il primo rigore.

Ragazzi che tensione. Per quanto mi considerassi forte tecnicamente, me la stavo facendo sotto. **Non mi sono mai sentito un rigorista** e oggi so bene quanto questo influenzi nel bene o nel male l'esito di un calcio di rigore. Quella era la partita in cui un mio compagno che doveva subentrare al mio posto negli ultimi minuti, disse al mister di lasciarmi in campo. Non ricordo le parole esatte, ma ricordo che era la *prima volta* che un giocatore aveva lasciato di sua spontanea volontà il suo spazio, suo di diritto. Sentivo la responsabilità di aprire le danze della "lotteria" dei rigori nel migliore dei modi, non solo perché ero il primo a calciare ed ero il capitano della squadra, ma soprattutto per Gabriele V.

Glielo dovevo. Lui mi aveva lasciato il suo posto in campo nella speranza di una mia ultima giocata che avrebbe potuto portare la squadra ad accedere al prossimo turno. Si era fatto da parte per me, sicuro che avrei fatto anche questa volta la differenza.

Fischio dell'arbitro.

Ci richiama al centro del campo per decidere chi inizia a battere i rigori e chi invece sceglie la porta in cui calciare.

Iniziano loro.

Il primo dei 5 giocatori avversari prende la palla, la posiziona sul dischetto, prende poca rincorsa, tira e mette la palla dietro le spalle del nostro portiere. 1 a 0 per loro.

La tensione aumenta. Tocca a me e in quel momento la testa vaga per i fatti suoi, **penso a tutto tranne a dove voglio mettere quella benedetta palla**. Pensieri depotenzianti. Mi dico che se sbaglio non calcerò mai più un rigore in vita mia, per concludere con un: *"con che faccia mi presento sotto negli spogliatoi"*.

Ormai conosci anche tu il *Ciclo del Successo*. Sai quanto influenzano i pensieri limitanti?

Tanto. Forse troppo.

Ma non è finita!

Tocca a me andare sul dischetto. Vado con le gambe molli, testa bassa, spalle depresse, respiro affannoso. Raccolgo il pallone vicino a me lentissimo, manco avessi novant'anni. Il pallone lo sentivo pesantissimo o forse erano le braccia quelle pesanti. Non ricordo.

Alzo la testa, la porta è diventata minuscola mentre il portiere è gigante di fronte a me. Anche io come il mio avversario prendo una breve rincorsa, faccio un bel tiro potente ma: *parata*.

*Per la prima volta* mi ero fatto parare un rigore. Avevo calciato forte ma centrale, *"in bocca al portiere"*. Forse uno dei più brutti rigori che io abbia mai calciato.

Mi sono sempre chiesto perché in una performance, qualsiasi essa sia, quando non si hanno aspettative di alcun tipo, si ottengono molto spesso dei risultati migliori. Al contrario, quando le aspettative su di noi sono piuttosto alte, i risultati che otteniamo sono molto deludenti.

Ti è mai capitato? E ti sei mai chiesto il motivo? Prima di avere gli strumenti per gestire le cariche emotive, mi capitava praticamente sempre e non sapevo cosa e come fare.

Quando quasi non mi interessava, vincevo. Quando ci tenevo a voler fare bella figura, perdevo. La risposta sta proprio nelle ultime due frasi. Sto parlando dello **stato d'animo**.

Beh, sappi che lo stato d'animo è il tuo prossimo avversario che dovrai saper gestire per renderlo il tuo alleato più potente.

*Ma cosa vuol dire?*

Innanzitutto, definiamo lo stato d'animo come quella condizione interna in cui si trova una persona in un determinato momento. Può essere che in questo momento della tua vita tu sia sereno, o preoccupato, oppure felice, triste, rilassato, nervoso, ecc.

Ma secondo te perché inizialmente ho scritto che lo stato interiore potrebbe essere il tuo peggior nemico come il tuo miglior alleato?

Potresti rispondermi facilmente dicendo che è uno degli elementi fondamentali che compongono il *Ciclo del Successo*, per cui è importantissimo saperlo controllare a proprio piacimento.

*Ma quindi mi stai dicendo che davvero posso controllare io il mio stato interiore e che tutto dipende da me?*

Assolutamente sì, e, prima impari a gestirlo, prima diventi un atleta che si differenzia da tutti gli altri, ignari.

È la mia esperienza a parlare: la grandissima maggioranza dei calciatori agonisti che passano da una categoria inferiore a una superiore non riesce a gestire le proprie emozioni. Che sia la prima volta in campo davanti a uno stadio con 10 mila tifosi o che sia banalmente il primo allenamento con la nuova squadra, *"tutti più grandi ed esperti di me"*. C'è poco da fare, la tentazione di fuggire o scomparire è al massimo livello.

Ormai lo sai. Lo **stato d'animo** determina le **decisioni** che prendi, a loro volta esse determinano le **azioni** che fai e quindi i **risultati** che ottieni.


Cosa ti ricorda questa data: *9 luglio 2006 - Berlino?*

Magari sei troppo giovane per ricordarti che quel giorno l'Italia salì sul tetto del mondo conquistando il suo quarto titolo mondiale della storia, dopo la "lotteria" dei rigori.

C'è un episodio tra tutti che voglio rievocare, ed è la famosa testata di Zinédine Zidane a Marco Materazzi con la conseguente espulsione del fuoriclasse francese. Quell'episodio è diventato talmente famoso che a Parigi ne hanno fatto una rappresentazione alta circa 5 metri in bronzo.

Ancora oggi mi chiedo come sarebbe andata a finire se Zidane avesse gestito il proprio stato d'animo dopo la provocazione di Materazzi.

Credo anche sia scontato dirlo: la provocazione sui campi da gioco, quando l'agonismo è al massimo livello, esiste. È reale!

E quando avviene, ci vuole molto poco a fare la sciocchezza che compromette un'intera partita, una finale mondiale, oppure, peggio ancora, una carriera.

Stefano, tecnico di squadre professionistiche giovanili da 15 anni, lo considera uno dei principali problemi del giovane calciatore che prova a far carriera.

*"Chri, questi ragazzi non sanno prendersi le botte e cadono sempre nelle provocazioni dei più esperti. Si innervosiscono subito e buttano via l'intero lavoro di una settimana."*

E quanti talent scout conosco che affermano di prendere in considerazione soprattutto l'aspetto umano e la *testa* del calciatore: "come gestiscono il loro stato d'animo nei momenti di difficoltà". C'è poco da fare, oltre alle qualità tecnico-tattiche e atletiche, devi anche impegnarti a gestire lo stato interiore.

Quante volte da giocatore ti è capitato di trovarti solo davanti al portiere e sbagliare un goal più facile da segnare che da sbagliare? Quante volte hai calciato un rigore e il tuo stato d'animo era tutt'altro che quello del *"killer instinct"*? Portiere tocca a te: rigore dell'ultimo minuto, come ti sei sentito ad avere la responsabilità del risultato? Quante volte ti sei ritrovato a proteggere la porta in un *1 contro 1*? Vogliamo parlare delle continue provocazioni della domenica sui campi da gioco?
Oppure da studente, quando ti trovavi davanti a una professoressa con la consapevolezza di non sapere quasi nulla e guarda caso, proprio quel giorno lì, interrogazione a sorpresa e becca proprio te! *"Che sfiga oh!"*, *"ma questa come fa a sapere quando non apro libro?"*.
Lo sanno eccome invece. Basta osservarti per capirlo.

Chi non c'è passato almeno una volta?

Allora quanto diventa importante saper gestire il proprio stato d'animo da 1 a 10? Io dico 10!

Ora, la questione è che non esistono stati d'animo positivi e stati d'animo negativi. Esistono però stati d'animo utili e meno utili. Esistono stati d'animo con risorse e senza risorse. Ciò che caratterizza l'utilità o meno di una certa emozione è il contesto. Quindi tutti gli stati d'animo possono essere funzionali o disfunzionali **a seconda della situazione e dell'intensità**, per questo motivo è importante imparare a gestirli efficacemente.

Per fare questo voglio parlarti di due strumenti a tua disposizione.

Il primo è la **fisiologia**.

Con questo termine si intende l'insieme di 4 cose: **postura, respiro, movimenti del corpo, espressioni del volto**.

Devi sapere che il nostro corpo ha un'influenza diretta sul nostro equilibrio biochimico, pertanto può intervenire direttamente sugli stati d'animo. Quindi il nostro corpo e le emozioni che proviamo sono connessi tra loro. Pensaci un attimo e noterai anche tu come il corpo manifesta sempre ciò che proviamo.

Quando sei triste le tue spalle saranno ricurve e gli occhi spenti. Se ti senti insicuro camminerai molto più lento. Se ti senti depresso e stai male il respiro e la tua postura non mentiranno a riguardo.

Al contrario quando sei entusiasta e felice i tuoi occhi saranno accesi, la tua respirazione più energica e la tua postura più dritta.

È vero che lo stato interiore guida e il corpo manifesta, ma ciò che molti non sanno è che il legame tra i due è una strada a doppio senso di circolazione. Anche il corpo determina un cambiamento dello stato interiore e tutti i movimenti influenzano la chimica del corpo: che si tratti di attività fisica, della variazione della postura, di un muscolo del viso o della propria respirazione.

La nostra mente è capace di leggere tutti i segnali che arrivano dal corpo e scegliere quali ingredienti utilizzare per creare il "cocktail" biochimico; d'altronde le emozioni non sono altro che il passaggio di diversi elementi chimici nel nostro organismo.

Se **sorridi**, ad esempio, avvierai un processo interiore che ti porterà a produrre un ormone chiamato endorfina che ti farà sentire bene.

Pensa a com'ero andato sul dischetto prima di calciare il rigore: testa bassa, spalle depresse, lentissimo, gambe molli, ecc. Difficile segnare con quella fisiologia così insicura. Dovevo assumere il controllo della mia fisiologia, invece è stata lei ad assumere il controllo su di me. E il risultato lo conosciamo tutti.

I calciatori che ho seguito fino ad oggi sanno quanto lavoro sulla loro fisiologia durante l'anno. Da sempre penso che gran parte della partita la si gioca qui: **da come entri in campo!**
L'atteggiamento con cui devi affrontare la gara deve essere quello del campione.
Testa alta, spalle larghe, petto all'infuori, gambe belle piantate a terra, sicure. Ora scendi in campo e dimostra cosa sai fare! Il tuo avversario deve aver paura solo guardandoti riscaldare. Devono percepire la tua determinazione nel voler vincere quella partita addirittura i tuoi genitori che ti stanno guardando sugli spalti o in tv. Devi essere un leone in gabbia che non vede l'ora che venga aperto il cancello.
Se vuoi sentirti sicuro devi adottare la fisiologia di una persona sicura. E allora chiediti come si comporta una persona sicura! Cosa vede una persona sicura? Come si muove una persona sicura? Come respira? Cosa ascolta? Come parla? Com'è la sua postura? E poi allenati, allenati e allenati. Questo è un vero e proprio esercizio.

Fallo. Solo così gestirai il tuo stato d'animo in qualsiasi situazione, anche in quelle che per te saranno emotivamente più significative.

Il secondo strumento per gestire al meglio il proprio stato d'animo, invece, è il **focus**.
Col focus intendo il punto in cui concentriamo i nostri pensieri.
Quindi è la capacità di concentrare la nostra attenzione.
Strumento che trovo fantastico!

È un meccanismo del nostro cervello che ci permette di dare priorità e attenzioni diverse alle cose sulle quali ci concentriamo. Un po' come l'obiettivo di una macchina fotografica: quando mette a fuoco qualcosa, sfoca tutto il resto. Se ci dovessimo concentrare solo sulle cose negative, queste diventerebbero la nostra **realtà soggettiva**, mentre tutto il resto è come se non esistesse.
Penso al mio amico Fabio che quando va allo stadio inizia a contare tutti i passaggi e tiri sbagliati della sua squadra del cuore. Conta anche le occasioni mancate per andare a rete. Poi quando gli chiedi com'è andata la partita la sua risposta puntualmente è: *"peggior partita mai vista!"*.

Tuttavia la partita è stata vinta per 5 a 1 dalla sua squadra e ti poni delle domande tipo: *"ma che partita ha visto?"*.

È un po' come cercare l'alba guardando sempre e solo a ovest.

Ciò che voglio dirti è che siamo noi gli artefici di tutto. Siamo davvero capaci di annullarci semplicemente mettendo l'attenzione sulle cose inutili e negative della vita quando in realtà basterebbe spostare il nostro focus.

Ti chiedo un attimo di fare questo esercizio. Sul workbook lo trovi leggermente più approfondito ma per spiegare meglio questo concetto, ti basta seguirlo attentamente qui.

Tra poco ti chiederò di cercare tutti gli oggetti di colore blu che vedi attorno a te. Hai 15 secondi di tempo.

Sei pronto? Via!

Fatto? Molto bene. Ora chiudi gli occhi e inizia a elencarmi tutte le cose di colore rosso che hai visto.

Cos'è successo? Solitamente qui gli atleti rimangono stupiti. C'è chi mi dice un solo oggetto rosso, chi due, ma specialmente chi: *"eh ciao! Ma chi li ha visti?"*.

Eppure ci sono!

Apri gli occhi e ti renderai conto di quante cose di colore rosso ci sono attorno a te. Ho scelto due colori casuali ma di solito osservo velocemente i colori più numerosi e vivaci nella stanza proprio per dimostrare l'utilità di saper padroneggiare questo strumento.

Ricordi quando stavo andando sul dischetto e pensavo a tutto tranne a dove voler calciare quel rigore? Certo che tra una fisiologia insicura e un focus poco centrato, le mie possibilità di fare goal le avevo praticamente azzerate da solo. Ecco perché è fondamentale essere consapevole di questi strumenti, ma non basta! **Devi allenarli con costanza e ripetizione per farli tuoi.**

Per imparare a prendere il controllo del focus, devi imparare a porti delle domande efficaci. Ci sono due categorie di domande:

1. **Domande "PERCHÉ"**: solitamente non sono particolarmente utili per cambiare lo stato d'animo in quanto spostano il focus sul problema, come ad esempio: *"Perché proprio a me? Perché non riesco mai a fare questo/quello?"*.

2. **Domande "COSA/COME"**: sono le domande più utili per cambiare lo stato d'animo in quanto indirizzano il focus verso una soluzione, come: *"Come/Cosa posso fare per…"*.

Purtroppo la maggioranza degli atleti sono concentrati sul *"perché"* e non riescono a fare o raggiungere un determinato gesto tecnico o un obiettivo. Eppure, forse potrà sembrare troppo semplice, basterebbe entrare nella fisiologia del campione e dirigere il tuo focus su tutto ciò che hai ottenuto fino ad ora. Tutto ciò che ti ha reso forte e orgoglioso. Tutto ciò che già possiedi.

Basterebbe focalizzarsi e pensare ai momenti più belli che hai vissuto e mettersi in quella stessa fisiologia. Questo è più che sufficiente per cambiare il tuo stato d'animo.

Nel workbook ho segnato alcuni esercizi utili per allenarti fin da subito a gestire lo stato d'animo. Impara a cambiare a tuo piacimento e sempre più velocemente il tuo stato interiore. Divertiti mentre fai questi esercizi e vedrai come, forse inconsciamente, nei momenti in cui la maggior parte dei tuoi compagni si abbatterebbe, tu sei lì, sicuro di te e dei tuoi mezzi.

Buon allenamento!


## Le Convinzioni

*"Che tu creda di farcela o di non farcela avrai comunque ragione."*

Da sempre, le parole del noto imprenditore statunitense Henry Ford rappresentano per me una indiscussa verità.

Come abbiamo imparato nel capitolo dedicato al *Ciclo del Successo,* anche le nostre convinzioni determinano in maniera profonda la qualità dei nostri risultati.

Esse sono opinioni che riguardano noi stessi, gli altri e il mondo che ci circonda. Riguardano ciò che riteniamo possibile o impossibile con le nostre abilità personali o delle persone che frequentiamo. Possono avere diversi gradi di solidità, a partire dalle "*opinioni*" fino a raggiungere il livello di "*fede incrollabile*". Inoltre hanno la capacità di determinare il significato che attribuiamo agli eventi della vita fino a influenzare il risultato stesso.

Come per lo stato d'animo e per i pensieri che facciamo, esistono convinzioni utili e meno utili, solo che, nella maggioranza dei casi, non ne siamo completamente consapevoli. Ed ecco allora le più comuni che si sentono dai calciatori agonisti:

*Sono troppo vecchio/giovane/basso/lento/emotivo/grosso/esile* (scegli la tua preferita), *non sono all'altezza, non ho il giusto talento, nessuno dei miei familiari è stato un campione, le finali le perdo sempre, per sfondare devi essere raccomandato o sperare nel solito colpo di fortuna, gli altri sono troppo più forti di me, ecc.*

Eppure, se cerchi bene in internet, è pieno di storie di successo apparentamenti impossibili. Calciatori convinti di non riuscire o di non poter fare ma poi…

Come direbbe Albert Einstein *"spesso tutti sono convinti che una cosa sia impossibile, finché arriva uno sprovveduto che non lo sa e la realizza"*.

Rievocando alcuni miei episodi del passato in cui non ero completamente convinto di potercela fare, ricordo come bastava questo per determinare una diminuzione delle mie capacità e delle prestazioni. Contrariamente, gli atleti che fino ad oggi ho seguito, convinti di *"poter fare"*, innalzavano le performance al livello delle loro aspettative.

Se tu dovessi credere di non valere, di non meritare, di non avere le risorse o il talento, sei destinato ad aver ragione, ma solo credendo di potercela fare potrai attingere a tutte le tue risorse.

Tutti noi abbiamo dei **riferimenti** dove abbiamo acquisito le nostre convinzioni: ad esempio dalle persone autorevoli come i nostri familiari, o il nostro allenatore o il capitano. Anche gli eventi emozionalmente significativi per noi possono determinare, nel bene o nel male, una nuova convinzione. Riferimenti che possono essere di 3 tipi: **interni**, ovvero che vivi in prima persona; **esterni**, ovvero ti fai influenzare dalle convinzioni di un'altra persona; **immaginari**, ovvero sei tu a crearle con la tua mente.

Le nostre convinzioni creano la realtà soggettiva che per noi è ben più forte della realtà oggettiva, così da dimenticare che i riferimenti delle convinzioni sono soltanto delle interpretazioni soggettive della realtà. Quindi non è tanto quello che sai fare, è più quello che **credi** di saper fare che ti permette di esprimere più o meno del tuo potenziale.

La cosa che accumuna i grandi campioni come LeBron James, Cristiano Ronaldo, Roger Federer, Lionel Messi, Muhammad Ali e tanti altri, **è la consapevolezza di potercela fare**.

Nel percorso di Coaching che faccio con i miei atleti, passo un'intera sessione con loro nello smontare le convinzioni limitanti, iniziando solitamente con gli esercizi che trovi nel workbook al link: http://www.christiancala.it/workbook.

Dopo aver fatto gli esercizi, noterai come la tua rappresentazione interna della realtà è notevolmente cambiata.

**Le 3 risorse che devi allenare per ambire al professionismo**

Per essere arrivato fino a qui voglio farti un altro regalo.

Nel link seguente troverai un mio podcast in cui spiego quali sono le 3 risorse che già possiedi ma che devi assolutamente allenare per aumentare la percentuale di passaggio dal calcio agonistico a quello professionistico.

Link: http://www.christiancala.it/letrerisorse

RIEPILOGO DEL CAPITOLO 2:

- SEGRETO n. 1: Riconoscere le proprie debolezze e trasformarle in punti di forza è uno degli elementi che distingue i grandi giocatori dai campioni.

- SEGRETO n. 2: Tutte le risorse di cui hai bisogno sono già dentro di te.

- SEGRETO n. 3: La vita non è come dovrebbe essere. È quella che è. È il modo in cui l'affronti che fa la differenza.

- SEGRETO n. 4: Allenando la fisiologia e il focus, puoi ottenere il controllo sul tuo stato d'animo.

- SEGRETO n. 5: È la ripetizione delle affermazioni che porta a credere. E quando il credere diventa una convinzione profonda, le cose iniziano ad accadere.

- SEGRETO n. 6: Le risorse che un calciatore professionista possiede e ha allenato per raggiungere questo livello sono: costanza, disciplina e coraggio. Anche tu le possiedi e le puoi allenare.

# Capitolo 3:
# L'opportunità nella difficoltà

Torino, maggio 2013.

Era una piacevole giornata di primavera con una temperatura mite, perfetta per giocare una partita di pallone.

Non vedevo l'ora che arrivasse la sera per affrontare il *San Donato Val della Torre* nella semifinale dei play-off. Alle ore 21 avremmo ospitato una delle due squadre del nostro girone che, in due scontri diretti in campionato, non siamo mai riusciti a battere.

Quell'anno ci siamo qualificati come terzi in classifica; purtroppo, solo le prime due accedevano direttamente alla fase regionale. A noi toccava giocare lo scontro diretto contro i sesti classificati ma tutti i pronostici erano dalla nostra parte. Il regolamento del campionato prevedeva che la squadra qualificata ai play-off con meno punti avrebbe dovuto giocarsi l'accesso alla fase regionale nel campo avversario con l'obbligo di vittoria.

Quel giorno mi sentivo tranquillo. Pregustavo già il derby come finale dei play-off, dato che l'altra squadra della nostra società si era qualificata come quarta in campionato e aveva già vinto lo scontro diretto contro i quinti, qualificandosi quindi come prima squadra in finale.

Fino a quell'anno non avevo mai giocato alcun derby e speravo davvero di giocarne un terzo consecutivo dopo i 2 incontri di campionato di quella stagione. D'altronde eravamo a un derby vinto ciascuno e sentivamo tutti il bisogno della rivincita per decretare chi realmente meritasse i regionali.

Ah… i derby. Partite a sé.

C'è chi li ama e c'è chi li odia. Io sono tra quelli che ne ha un ricordo fantastico. Amo persino quell'attesa della partita che mi logora. Gli spalti che si riempiono dei tuoi colori sociali. I cori e le musiche pronti ad accompagnarti dall'inizio alla fine. Gli amici e i familiari che sentono la pressione più di te che scendi in campo. Quell'atmosfera di tensione che ti accompagna dall'inizio della settimana fino al triplice fischio. Gli allenatori che si inventano qualsiasi cosa pur di sorprendere gli avversari che ci conoscono bene. Le provocazioni e le scommesse prima dell'incontro. E infine le botte da orbi in campo.

Un derby è trionfo o disfatta. Dentro o fuori. Vincitore o vinto. Successo o fallimento. Un derby è una battaglia all'ultimo sangue per la mano dell'amata. È un duello tra due fratelli per accaparrarsi l'amore della madre. Davvero, se ami il calcio, dimmi come si fa a non godere di queste sensazioni!

E se dovessi perdere? Beh, preparati agli sfottò che ti perseguiteranno fino alla fine dei tuoi giorni.

Ma tranquillo, la passione che possiedi per tutto questo ti fa prima pensare e poi ammettere che non puoi farne a meno e che pagheresti per rivivere tutto da capo.

Quell'anno è stato un campionato combattuto fino all'ultima giornata. Tutte le prime 4 squadre classificate meritavano di passarc al turno seguente ma purtroppo, come sappiamo, solo una squadra alla fine festeggia. La più completa.

Arriva dunque il momento del ritrovo in spogliatoio, circa un'ora prima del fischio d'inizio. Ricordo come eravamo tranquilli nonostante non li avessimo mai battuti in campionato; ma se era per questo, non avevamo nemmeno mai perso. Inoltre, ci bastava strappare solo un pareggio per passare al turno successivo.

Le nostre aspettative erano dunque molto alte. Sicuri di batterli quasi in scioltezza. Stavamo bene sia di testa che di fisico. Io ero il capocannoniere della squadra e tra i primi 4 del campionato. Tutti lì a uno o due goal di distanza. Insomma, tutti i numeri erano dalla nostra parte.

Saliamo in campo e notiamo subito come il cielo si era ricoperto di nuvole e l'aria raffrescata. Mi dico che va bene, anzi meglio. È sempre gradevole giocare con una temperatura mite e un venticello che accompagna le proprie sgroppate palla al piede.

Inizia la gara e a parte due episodi clamorosi della partita, tutto il resto lo ricordo poco. Avrai già intuito il motivo, ma è come se la mia mente rifiutasse l'idea anche solo di ricordare l'andamento di quella partita.

Ciò che ricordo sono l'1 a 4 per loro a fine primo tempo e un temporale estivo che ha investito noi e il campo sintetico dopo 15 minuti dal calcio d'inizio.

Per noi, blackout totale.

Nell'intervallo ci carichiamo tutti a vicenda promettendo di dare l'anima. Non era ancora finita e avevamo tutte le risorse dalla nostra parte per ribaltarla.

Ricordo come sentivo le gambe molli. Si vede che avevo perso un po' della mia sicurezza con quel risultato a sfavore. Ma da capitano e uno dei punti di riferimento della squadra, mi ha sempre distinto il fuoco che avevo negli occhi. L'ultimo a mollare.

Il primo episodio clamoroso che ricordo è la mole di gioco creato nei primi 15 minuti della ripresa. Una valanga di tiri di cui due stampati sui pali, uno sulla traversa e due goal.

Quindi, 3 a 4 per loro.

L'abbiamo rimessa sui binari giusti, ed era tutto nelle nostre mani. Bastava un solo goal per passare il turno.

La pioggia incessante non aiutava il nostro stile di gioco. Specialmente Simone, il nostro numero 10, colui che l'anno dei nazionali mi aveva fornito 23 assist dei miei 28 goal. È sempre stato quel tipo di calciatore capace di saltare 11 giocatori, arbitro compreso. Una visione di gioco sublime e doti tecniche fuori dalla norma, tant'è che tutti, quando lo vedevano giocare, gli chiedevano perché non fosse riuscito a "sfondare" nel calcio. La sua risposta?

*"Lascia stare. Non ho mai avuto la testa."*

Il secondo episodio ha invece dell'inverosimile.

Accadde dopo un 2° tempo quasi da incorniciare in cui si è giocato solo in una metà campo. Dopo un assedio totale per cercare a tutti i costi di fare il 4° goal. Dopo che solo le parate miracolose del portiere avversario, i pali e le traverse ci negarono il goal, all'ultimo minuto di recupero, un loro difensore commette fallo dentro la loro area.

L'arbitro fischia il rigore e all'improvviso sentiamo un boato proveniente dalle due panchine. Noi a festeggiare, gli avversari a inveire contro l'arbitro e contro Simone steso a terra.

Tocca a Niccolò, il nostro numero 7, il nostro rigorista. Una media realizzativa del 100%. Un cecchino!

Dentro di me non solo la speranza di avercela ormai fatta, ma soprattutto la gioia e l'orgoglio di un secondo tempo giocato da veri campioni.

Niccolò, inzuppato d'acqua, posiziona la palla sul dischetto. È sicuro. È freddo! Fisiologia al massimo, un colosso. Ho sempre ammirato la sua fermezza nei momenti di grande tensione. Non volevo essere nei panni di quel povero portiere. Conoscendo il mio compagno, nella sua testa c'era pressoché qualcosa di simile: *"caro portiere, io manco ti vedo! O ti scansi e segno, oppure tu provi a prenderla ma entri in porta con il pallone"*.

Gli occhi di tutti erano puntati su quella palla. L'arbitro fischia! Niccolò prende la rincorsa e mentre sta per calciare, scivola colpendo ugualmente il pallone. Portiere da una parte, palla dall'altra.

Palo esterno, *fuori*.

Triplice fischio. È finita!

*San Donato Vdt* in finale play-off.

Scendiamo increduli negli spogliatoi. Facce visibilmente deluse, stanche e tristi. Ricordo che sono scoppiato per la prima volta in lacrime. Nemmeno la sconfitta due anni prima in finale regionale era stata così dolorosa. Nemmeno le *sberle* prese da Napoli e Palermo ai nazionali avevano fatto così male.

Quella sera, la sconfitta era stata così inaspettata e crudele che lì presi la decisione di smettere di giocare. Ero deluso. Ero incazzato. Ero triste e affranto. Mi sentivo schiacciato e inutile. Non ne avevo. Io, il capitano della squadra, leader dello spogliatoio, colui che aveva sempre una parola giusta per tutti, un incoraggiamento da fare, una pacca o un gesto d'amore incondizionato verso i propri compagni, quella sera, ero *morto* dentro. *"Lasciatemi stare."* Silenzio. Vuoto. Buio!

**Gestione della sconfitta**

È arrivato il momento di affrontare una sacrosanta verità: **per conoscere la vittoria, devi prima conoscere la sconfitta!** E più forme o modalità di sconfitta conosci e impari a comprendere, più diventi resiliente e forte.

Per *"forme di sconfitta"* non intendo soltanto una finale persa ma ad esempio anche un errore clamoroso sottoporta. Intendo una non convocazione, quindi la tribuna. Una o più panchine durante l'anno. Un grave infortunio che ti obbliga a un lungo stop. La cessione da parte della propria società senza una spiegazione o una valida ragione. Calciare alto un rigore decisivo. Non riuscire a passare di categoria nemmeno quest'anno. Essere respinti a un provino. Non aver raggiunto durante l'anno le famose aspettative. Insomma, qualsiasi cosa tu possa considerare una sconfitta o un fallimento.

Lavorando da anni con giovani calciatori, rimango tuttora incredulo quando in sessione di coaching affrontiamo il tema della gestione della sconfitta. Spesso chiedo qual è la disfatta più dolorosa che ricordano e la maggior parte delle volte si scopre che non si è subita per mano di una partita di calcio o di un grave infortunio, ma per amore. Quindi nella vita di tutti i giorni.

In qualche modo andiamo sempre a finire lì: si rievocano gli insuccessi con le donne o con gli uomini, oppure nelle relazioni con i propri familiari o amici. Relazioni idilliache finite male per incomprensioni, tradimenti o altro ancora.

Volontariamente non mi focalizzo solo sullo sport con i miei atleti. Preferisco scendere più in profondità poiché sono consapevole che da lì acquisiremo insieme la più grande lezione di sempre.

Ti stai chiedendo in che modo? Tra poco lo vedrai.

Probabilmente ti sto per dire cose *"scontate"* e che forse già sai, ma è importante ricordarsele. Se c'è una cosa **certa** nello sport come nella vita, è che non si vince sempre. È impossibile!

Ti sfido a trovare un campione che non ha mai fallito o avuto una delusione in vita sua. Anche i numeri 1, i più forti al mondo, sbagliano e perdono. Ma hai mai avuto modo di chiedere a uno di loro cos'è il Successo? Io sì, più di una volta. E la risposta è sempre stata la stessa!

Il successo è visto come quella condizione di benessere fisico, emotivo, finanziario, psicologico e sociale che ogni persona, in cuor proprio, desidera ottenere.

Tuttavia, la maggior parte delle persone non si rendono conto che il successo si ottiene da un fallimento, da un disagio, dal dolore e dalla confusione, dall'umiliazione che, col **tempo**, si trasforma in ripartenza e poi in voglia di riscatto. Quanti sono i campioni dello sport, gli imprenditori e le menti geniali dell'arte, della letteratura o della tecnologia che hanno rimarcato il *fallimento* come fondamento essenziale del loro successo?

In Italia facciamo l'opposto. Siamo i campioni del disfattismo. Da noi *perdere* o *fallire* è considerato un disonore, così che quando accade, cerchiamo in tutti i modi di nasconderlo ai nostri occhi e a quelli degli altri, rifugiandoci da qualche parte. Ma in realtà, non stai scappando proprio da nessuna parte. Devi **accettarlo** e **affrontarlo**.

Rifiutiamo addirittura *l'idea* del fallimento senza sapere che così non facciamo altro che instillare nelle persone oltre che in noi stessi la paura di perdere. E quando questo avviene cosa succede? Beh, ovviamente falliamo!

Eppure dovrebbe essere così semplice come concetto. Pensa a quando hai imparato ad andare in bici, quante volte sei caduto e ti sei rialzato? O quando hai preso la patente del tuo primo motorino o della macchina, quante volte l'hai spenta senza volerlo? O ancor prima, quando hai imparato a camminare. Quante volte sei caduto, ti sei fatto male, hai pianto e sofferto, ma, senza darti per vinto, ti sei rialzato finché non hai raggiunto il tuo scopo?
Qui ci sta bene il concetto di: **"insisti fino al successo"**, ricordi? Ed è proprio qua che volevo arrivare!

Il fallimento non esiste. È soltanto un nostro atteggiamento mentale. È una nostra rappresentazione interna. Ciò che per te è un fallimento, magari non lo è per me. Quindi il fallimento non dovrebbe esistere per definizione!
È soltanto una scusa per non essere più causa ma diventare effetto dell'ambiente, delle persone che ci circondano e delle decisioni e dei comportamenti altrui. Può sembrarti assurdo ma siamo proprio

noi a determinare questo atteggiamento, e saremo sempre noi ad annichilirlo.

Si dice che l'unico fallimento è quello in cui non si impara nulla e che si fallisce solo quando ci si è definitivamente arresi. Quando non c'è più la **volontà** di rialzarsi e combattere. Ma allora alzati e agisci! Che aspetti?

Per fare tutto questo c'è bisogno di allenare una risorsa fondamentale nel nostro **percorso di crescita**.

Stop! Fermati un attimo. Questa è la decima volta che nel libro ho scritto la parola "*percorso*". Sì, le ho contate.

Pensaci un attimo. La nostra intera esistenza è un percorso di crescita e consapevolezza. Voglio dire che non è dopo aver finito di leggere questo libro che diventi un calciatore professionista. Io ti sto dando gli strumenti che avrei tanto desiderato io quando mi trovavo a terra e ambivo al professionismo. Quegli strumenti che mi avrebbero permesso di fare ancora di più la differenza in campo e nella vita, uscendo prima di tutti gli altri dal buio totale. Ma sta a te metterli in pratica e allenarti, allenarti e ancora allenarti. La verità è sempre la stessa: non esiste nessun rimedio miracoloso, nessuna ricetta magica. Devi lavorare il doppio degli altri, devi fare tutti gli esercizi che ti ho assegnato nel workbook, devi allenarti fisicamente, tecnicamente e mentalmente come mai hai fatto prima. E devi mettere in conto che ci vuole **tempo** e **pazienza** per raggiungere i risultati desiderati. In tutto questo cadrai tantissime volte ma sai anche che, rialzandoti sempre una volta in più, starai allenando la risorsa fondamentale di cui sopra ti parlavo: la **resilienza**.

Io credo fermamente che prima del calciatore, c'è l'uomo. Grazie alla resilienza questa identità è ancora più semplice da assimilare e farla propria poiché è quella risorsa che ti dà la capacità di affrontare e superare un evento traumatico. È quella capacità di rialzarsi dopo ogni sconfitta o fallimento. Meglio ancora, è **la capacità di resistere agli urti della vita**, accettarli, trovare e capire la lezione dietro a quella caduta, osservarne l'opportunità e rimettersi al lavoro. Quindi agire!

Ogni volta che passi all'azione dopo una sconfitta, qualsiasi essa sia, tu sei sempre più resiliente e forte. È così che la stai allenando! Quindi non hai fallito, ti sei semplicemente fermato oggi per essere più veloce domani, imparando qualcosa di nuovo.

Capisci perché la resilienza fa di te un uomo o una donna, prima del calciatore?

Ora ti va di allenarla con me? Vuoi sapere come si fa? Vuoi sapere come si gestisce un errore "clamoroso" o una "pesante" sconfitta? Naturalmente anche io ci sono passato centinaia di volte e non ne sono immune. Ci passerò ancora tantissime volte, però adesso ho gli strumenti per uscire dal buio prima di chiunque altro. Dipende solo da me!

Se dovessi soltanto pensare all'episodio in semifinale dei play-off, con addirittura la decisione presa di "*smettere di giocare*", penso a quanto mi ha fatto male perdere quella partita. Quanto avevo sofferto? Quanto sudore e lacrime avevo versato?
Oggi potrei risponderti dicendo: "*troppe*". Ma in realtà per ciò che stavo vivendo in quel periodo e per il mio grado di maturità, quelle lacrime erano **giuste**. Credo che nessuno si debba permettere di giudicare cos'è troppo o troppo poco. Giusto o sbagliato. Utile o non utile. Ognuno ha la propria mappa del mondo, ognuno ha la propria realtà e interpretazione dei fatti. Quindi chi sono io per

giudicare? O chi sei tu per dirmi: *"che piangi a fare per una partita di calcio?"*. Non esiste!

Ma ora passiamo alla parte un po' più tecnica della gestione della sconfitta. Tra poco ti spiego cosa avrei dovuto fare se avessi avuto già a quel tempo questi strumenti. Sappi che tutto ciò che sto per scrivere, lo troverai in formato ancora più dettagliato e preciso sul workbook di inizio libro, in questo modo potrai esercitarti tutte le volte che lo riterrai opportuno.

La primissima cosa che avrei dovuto fare è essere me stesso! E questo l'ho fatto.

Lo so, sembra strano. Ma non dobbiamo assolutamente snaturarci per gestire una pesante sconfitta. Voglio dire che **è più che naturale** provare reazioni come delusione, amarezza, tristezza, ostilità, rabbia o collera dopo una sconfitta o un grave errore. Sarebbe innaturale se non fosse così. Questa è una delle cose che osservo di più in un atleta che punta a diventare un campione: *la sua prima reazione dopo una sconfitta.*

Ti informo che se non dovesse importartene sarebbe un problema, poiché a quel punto l'abbandono del calcio, o qualsiasi cosa sia, è dietro l'angolo. Vale lo stesso per una relazione. Se il tuo partner o un tuo genitore ti rimprovera, si arrabbia, piange, è geloso, è in ansia, ecc., è tutto ok. È naturale come il cielo azzurro sopra le nuvole. Fosse *indifferente* invece, ti consiglio di iniziare a guardarti intorno e capire cos'è che non sta funzionando.

Se però dovessi scegliere tra l'afflizione e la collera dopo un fallimento, da Mental Coach che ne ha prima vissute e poi osservate parecchie, scelgo la collera.

La collera è già un modo di reagire – di azione – rispetto allo sconforto, all'afflizione e soprattutto all'apatia che sono emozioni in cui subisci e basta. Quindi ho osservato che chi patisce l'arrabbiatura e la furia, esce prima dalla condizione di "fallimento". L'atleta è più portato a trovare prima una lezione da apprendere, proiettandosi di conseguenza alla ricerca di una soluzione di miglioramento.

Una cosa che invece bisogna assolutamente evitare di fare è: **giustificarsi**. Trovare per forza una scusa all'errore. In questo, la grande maggioranza dei giovani atleti che seguo, sono dei fuoriclasse. Tuttavia è l'elemento che distingue il campione da un professionista qualsiasi. Non ci sono scuse! Il tuo grado di **responsabilità** è l'ago della bilancia che pende verso *giocatore ordinario* oppure *giocatore straordinario*. Ma di questo ne parleremo meglio nel 4° capitolo.

Quindi fin qui tutto abbastanza normale. Anche io dopo la deludente sconfitta mi sentivo afflitto, quasi apatico.

La seconda cosa che avrei dovuto fare dopo aver fatto passare il ***giusto tempo***, è descrivere dettagliatamente l'episodio su un foglio di carta o sul computer e sottolineare tutte le parole con un grande carico emotivo che trovavo.

Innanzitutto ti starai chiedendo quanto dura questo *"giusto tempo"*. Non posso risponderti, ognuno ha il proprio tempo. La cosa certa è che prima reagisci, meglio è per te. Il campione ci sta molto meno rispetto a un calciatore *ordinario* nella condizione dello *"sconfitto"*. Posso però dirti di osservare, e quindi essere conscio, dei tuoi **comportamenti** e dei tuoi **pensieri**. Per esempio, io ho capito che ne stavo uscendo quando ho iniziato di nuovo a interessarmi di calcio e, pian piano, notavo che tornava la volontà di riprendere a toccar palla. Ci ho impiegato più di un mese all'epoca.

Mentre per *"parole con un grande carico emotivo"*, intendo dire quelle parole come: devastante, massacrante, impossibile, allucinante, terribile, sconvolgente, guerra, scioccante, disastro, crisi, ecc. Devi sapere che in base al contesto tutte le parole hanno un certo "carico emotivo". Ricordi il *Ciclo del Successo*? Ricordi come i **pensieri** determinano le nostre **convinzioni** che poi determinano il nostro **stato d'animo**? Ecco, le parole che usiamo hanno un potere enorme su di noi e sul nostro stato interiore. Si dice che le parole *"uccidono"*! Per cui stai attento quando le usi sia nella comunicazione verso l'esterno, ovvero con le altre persone, sia e soprattutto nel tuo dialogo interno.

Nota inoltre come le persone che utilizzano troppo spesso parole con un grado emotivo molto forte, non stanno bene né fisicamente che mentalmente.

Il mio obiettivo è proprio questo. Voglio renderti consapevole del tuo **linguaggio** e cambiare quelle parole che reputi forti emotivamente. Ad esempio, una frase come *"è stata una guerra* *devastante*" puoi cambiarla in "*è stata una battaglia sfidante*". Hai notato la differenza?

Oppure: "*contro di loro è impossibile vincere*" potresti dire che "*contro di loro è molto complicato vincere*". Il senso è esattamente lo stesso ma il grado emotivo che gli stai dando è completamente differente.

Questo è un esercizio che se fatto bene ha un potere enorme su chiunque. Ci vuole allenamento e io lo uso costantemente con le persone che utilizzano termini di cui non si rendono conto dell'effetto che sta facendo nella loro vita.

In questo momento sto pensando a tutti quegli allenatori di calcio che utilizzano il "*vocabolario del killer*". Inconsapevoli del fatto che continuando a utilizzare una linguistica così carica e depotenziante, incidono ancor di più sulla disfatta. E purtroppo, non solo loro.

*"Mi sono sempre vantato della mia capacità di formulare una frase. Le parole sono, nella mia non modesta opinione, la nostra massima, inesauribile fonte di magia. In grado sia di infliggere dolore che di alleviarlo."* Albus Silente, "*Mental Coach*" di Harry Potter.

Arrivati a questo punto, dopo aver sottolineato e cambiato tutte le parole cariche emotivamente, avrei dovuto utilizzare il potere delle domande efficaci.

Eh sì, se fossi stato a conoscenza di questo super potere, chissà oggi quante cose in più avrei potuto fare. Devi sapere che la nostra mente non fa altro che rispondere alle domande che noi stessi ci poniamo. È un continuo *"botta e risposta"*. Quindi è importante che ci poniamo delle domande sensate se vogliamo davvero trarne vantaggio, non credi?

Ricordi lo strumento del "focus" dello scorso capitolo? La differenza tra una domanda *"perché"* e una domanda *"cosa/come"*? Ecco che diventa fondamentale capire quando è giusto chiedersi il "perché" e quando invece è decisamente meglio chiedersi "cosa/come". Nel caso di una sconfitta sono 5 le domande che solitamente pongo. Qui di seguito scrivo le prime 4 apposta perché voglio che tu vada a leggere e rispondere alla quinta domanda nel workbook. Insisto! Sono un Mental Coach è il mio unico scopo è che tu possa davvero prendere in mano la tua vita. L'unico "problema" è che io conosco un unico modo per raggiungere i risultati desiderati: la **pratica costante!**

Quindi le 5 domande efficaci della gestione della sconfitta sono:

1) Qual è la lezione?

2) Cos'ho imparato da questo?

3) Come posso fare per migliorare?

4) *Prendi il workbook!*

5) Per cosa sono grato dopo questa sconfitta?

Come ti dicevo, per queste domande non puoi rispondere subito dopo una sconfitta. Qual è il risultato più probabile che puoi ottenere con poca lucidità mentale, ovvero subito dopo un fallimento? Scommetto che stiamo pensando alla stessa cosa, ed è una parola di un alto carico emotivo.

Quindi, dopo aver fatto tutti i passaggi giusti e aver atteso il *giusto tempo*, le risposte che avrei potuto dare dopo la mia sconfitta a queste 4 domande sarebbero potute essere queste:

1) Mai sottovalutare l'avversario. Anche il più debole in assoluto, può farti tanto male se non giochi al massimo. Anche se giochi in casa.

2) Ho imparato che se io per primo non mi alleno al 100% a tutti gli allenamenti, che se per primo non arrivo puntuale agli allenamenti, che se nel pre-partita non guardo in faccia uno a uno ogni mio compagno, caricandoli a dovere, le buschiamo. Ho imparato che posso dare l'esempio con il mio comportamento. Ho imparato che bisogna giocare dal primo all'ultimo minuto la partita come se fosse una finale, quindi non solo il secondo tempo. Ho imparato a soffrire e reagire ma che a volte non è sufficiente per portare a casa il risultato. Ho imparato che siamo una squadra tosta. Ho imparato a soffrire e piangere, convinto che questo mi farà bene per le prossime partite. Ho imparato che dalla prossima sconfitta saprò uscire a testa alta: andrò dagli avversari a congratularmi con loro e dimostrare che perdere fa parte del processo verso il successo.

3) In parte ho già risposto nella seconda domanda. Posso migliorarmi allenandomi al 100% a ogni allenamento. Arrivando prima di tutti agli allenamenti. Facendo sessioni individuali di atletica. Posso chiedere al mio compagno Niccolò come fa a essere così sicuro quando va a battere un calcio di rigore. Posso studiare libri di atleti che hanno perso tutto per poi diventare i più vincenti di sempre. E tanto altro ancora!

Infine, l'ultima domanda! La migliore per riportare il focus sulle cose belle dello sport e della vita, nonostante la pesante disfatta.

5) Sono **grato** di avere dei compagni così forti e determinati. Sono **grato** di essere il capitano di una squadra così unita. Sono **grato** di essere arrivato a giocarmi per il quinto anno consecutivo il titolo del campionato fino all'ultima giornata. Sono **grato** di godere di ottima salute fisica. Sono **grato** di avere non solo dei compagni ma dei veri fratelli di vita, capaci di starmi vicino nei momenti sfidanti della mia vita. Sono **grato** ai miei genitori che mi supportano sempre. Sono **grato** a mia sorella che mi spinge a dare sempre il meglio di me. Sono **grato** alla vita! **Grazie**.

Proprio così, la **gratitudine**.
Quell'atteggiamento che davvero fa la differenza nei momenti di difficoltà. La gratitudine è per me una calamita di gioia e abbondanza. Quando si è grati per davvero, inizi ad attrarre attorno a te situazioni favorevoli e opportunità meravigliose.
Una mente **grata** è costantemente focalizzata sul meglio della vita, perciò tende a **diventare la miglior versione possibile**.

Una persona lo sa quando è **grata** davvero o meno. Io, ad esempio, lo percepisco subito negli atleti che ho il privilegio di seguire. È semplice!

Ti chiedo di fermarti un attimo. Di smettere di leggere questo libro e di pensare a cosa sei grato in questo momento della tua vita. Magari ti sta andando tutto storto e vorresti spaccare qualcosa per scaricarti un po' o magari stai benissimo e ti viene più semplice essere grato, ma ti assicuro che questo esercizio è *potenza* allo stato puro. Ti assicuro che più si è grati alle cose considerate *"piccole e scontate"* della vita, più ha effetto.

Io oggi sono grato di avere due piedi con tutte le 10 dita attaccate e di godere di un'ottima salute fisica e mentale. Ora che conosci la mia storia, sai quanto per me non sia così scontato. E tu, invece?

**Per cosa sei grato oggi?** Chiudi gli occhi e pensaci un momento!

Dopo aver detto a te stesso, o a chiunque tu voglia, per cosa sei grato oggi, posso andare in conclusione.

Abbiamo scoperto che tutti noi abbiamo la capacità di **rinascere** dalle situazioni più difficili e che il fallimento in realtà non esiste.

È solo un atteggiamento mentale, una nostra percezione di cos'era giusto e cosa sbagliato. Quindi se il fallimento non esiste per te, ora esistono solo feedback migliorativi e lezioni da imparare.

La cosa importante non è cercare di non fallire, ma cercare di migliorarsi ogni volta che si cade a terra. Questo approccio ti porterà sempre più vicino all'Eccellenza, ti porterà sempre più vicino al successo a cui ambisci.

Pensaci. In fin dei conti basta veramente poco per venir fuori da una difficoltà. Ti basta dare un significato all'evento e capirne l'opportunità che si cela dietro.

Infine, voglio che tu tenga bene a mente che le persone che non falliscono, sono coloro che non ci provano. Quindi io ti auguro di *"fallire"* perché significherebbe che ci stai provando e che stai facendo bene. Se invece rifiuti la difficoltà, stai rifiutando il tuo successo mentre tu sai che avrà successo soltanto chi farà qualcosa che gli altri non sono intenzionati a fare. Che temono di fare, probabilmente per mancanza di coraggio e di certezze.

E allora? Cos'hai deciso? Vuoi davvero diventare un calciatore professionista?

Allora abbraccia la difficoltà e **utilizzala come il tuo unico allenatore di vita.**

*"Questa situazione è il mio allenatore e io sono il suo allievo. Grazie, Coach, di mettermi alla prova. Pensavo già che non mi ritenessi più all'altezza."* - Jens Corssen

RIEPILOGO DEL CAPITOLO 3:

- SEGRETO n. 1: Per conoscere la vittoria, devi prima conoscere la sconfitta.

- SEGRETO n. 2: Il fallimento è il fondamento essenziale di qualsiasi campione sportivo o persona di successo.

- SEGRETO n. 3: Il fallimento non dovrebbe esistere per definizione. È soltanto un nostro atteggiamento mentale. È una nostra rappresentazione interna. È una scusa che ci diamo.

- SEGRETO n. 4: La resilienza è la risorsa che ti permette di resistere agli urti della vita e ti ricorda che c'è l'uomo prima del calciatore.

- SEGRETO n. 5: Le parole con un alto grado emotivo, influenzano prima i tuoi pensieri e poi il tuo stato d'animo.

- SEGRETO n. 6: La gratitudine è l'elemento essenziale per riportare il proprio focus sulle cose belle della vita.

- SEGRETO n. 7: Impara ad abbracciare le difficoltà e le sconfitte, utilizzandole come tuoi allenatori di vita per diventare prima un uomo e poi un calciatore di successo.

# Capitolo 4:
# Professionista in 5 passi

Finalmente siamo arrivati al cuore di questo libro. Da quando sono un Mental Coach ho scoperto che c'è una cosa che tra tutte le altre fa davvero la differenza. Per me è davvero la base di tutto e si chiama: **Consapevolezza**.

Pensaci un attimo! Fino a qui non ho fatto altro che renderti consapevole dei passi che dovrai fare per diventare un calciatore professionista. Abbiamo affrontato insieme la zona di comfort e il prezzo da pagare, hai scoperto come ragionano i grandi campioni con il *Ciclo del Successo* e ho insistito che facessi tutti gli esercizi del workbook per renderti consapevole dei tuoi limiti e delle tue risorse. Hai imparato un metodo efficace per gestire il tuo stato d'animo, per poi riconoscere la forza delle convinzioni potenzianti. Ascoltando il podcast del contenuto extra ora conosci quali sono le risorse che dovrai necessariamente allenare per diventare un professionista, fino a consapevolizzare l'importanza del fallimento e della sconfitta insieme al potere della gratitudine.

Il tuo percorso di crescita si chiama ***consapevolezza*** e tutto inizia da qui.


*Consapevolezza* intesa come l'intenso studio e il duro lavoro che sei disposto a fare investendo le cose più importanti che possiedi: tempo, risorse ed energie. Ti assicuro che questo ti porta **nel tempo** ad avere sempre più capacità e competenze utili per **diventare** ciò che vuoi **essere**.

Nelle ultime due frasi c'è praticamente il segreto di ogni atleta di successo. E ti chiedo di rileggerle attentamente!


Ci vuole innanzitutto **tempo**. Pensa a Usain Bolt, considerato da tutti l'uomo più veloce della Terra. Nel 2009 quell'uomo ha corso i 100 metri in 9,58 secondi. Formidabile!

Anni e anni di preparazione, allenamenti di ogni genere per una performance che dura meno di 10 secondi. Ci avevi mai pensato? Ebbene sì. Per raggiunge risultati di questo calibro, dovrai essere disposto a investire gran parte del tuo **tempo**. Ma la verità è che non tutti riescono a rimanere motivati e focalizzati per un periodo così lungo, specialmente se non è definibile. Per non parlare di quando siamo *giovincelli*, vogliamo tutto e lo pretendiamo subito. D'altronde è la società odierna a insegnarci proprio questo.

Pensa anche solo ai social network e ad Amazon Prime. Con pochi euro di abbonamento hai la possibilità di avere il prodotto da te acquistato il giorno dopo e comodamente a casa tua, non pagando addirittura la spedizione. Ci guadagni pure!

Oppure WhatsApp o Telegram, canali di messaggistica istantanea. Tu mi scrivi e io in tempo zero ho la possibilità di risponderti.

In generale è *internet* ad averci portato ad avere tutto e subito.

Non trovo un luogo o un ristorante? Taaac. Lo cerco in internet!

Ho bisogno di una camera d'albergo? Taaac. Internet!

Devo leggere un libro per la scuola? Taaac. Scheda libro su internet!

Devo dare un esame? Taaac. Cerco in internet la soluzione migliore per passarlo più velocemente e con meno problemi possibili.

Facendo praticamente tutti i giorni così, non abbiamo fatto altro che abituare, o meglio ancora, allenare la nostra mente al *"tutto e subito"*. Zero fatica e zero sacrifici! Non siamo più abituati a sforzarci più di tanto perché tanto ci pensa *internet*. Con la conseguenza che quasi ci sembra che tutto intorno a noi scorra velocissimo.

Peccato che per diventare la persona che vuoi essere, non funziona affatto così. **Ci vuole tempo**, costanza e disciplina.

Dovrai cadere e rialzarti non so quante volte per capire esattamente **come** fare per diventare quella persona che vedi lì nella tua mente.

Quindi? Resilienza, esatto! Tutte risorse che ormai sai bene come allenare.

Ma una volta che hai consapevolizzato tutto questo, qual è allora la risposta alla domanda che tutti mi fanno: *"come si fa a rimanere **focalizzati** e **motivati** sul proprio obiettivo, per così tanto tempo?"*. Specialmente con tutte le distrazioni che ci sono e i problemi quotidiani!

È una domanda più che legittima fatta da ragazzi dai 15 ai 25 anni, atleti e calciatori per lo più. Una domanda che mi fanno veramente in tantissimi quando mi vedono lavorare con così tanta determinazione e volontà. Ed è incredibile come ogni volta che li osservo, mi rivedo molto in loro: un mix tra confusione e ammirazione. I tipici *"sognatori ad occhi aperti"*.

Ricordo che avevo 21 anni quando ho deciso di riprendere gli studi universitari. Mai avrei pensato di ricominciare a studiare dopo i noiosi e frustranti anni passati sui banchi di scuola a imparare qualcosa di non definito. Anche io, come tutti, cercavo il mio posto nel mondo e ormai il sogno di diventare calciatore l'avevo chiuso nel cassetto. È la *fregatura* di questo mestiere, purtroppo. La carriera di un qualsiasi sportivo professionista, specialmente quella del calciatore, dura davvero molto poco. O cogli e ti fai trovare preparato alle opportunità che ti si prospettano davanti, oppure trovati qualcos'altro da fare, dato che di ragazzi che giocano a calcio con qualità simili alle tue, ce ne sono milioni nel mondo.

Una volta deciso questo, vedevo solo 2 vie da percorrere dopo il diploma da geometra: andare a lavorare senza sapere bene cosa fare oppure fare il praticantato per essere abilitato alla professione del geometra.

*Cosa ho deciso di fare?*

La terza opzione, ovviamente. Quella non contemplata da nessuno: iscrivermi all'università. Facoltà di storia per l'esattezza. Qualcosa che non c'entrasse nulla con l'essere un geometra.

*Il motivo?*

Non mi sentivo adatto a fare il geometra. Quasi tutto ciò che avevo studiato non mi aveva né interessato né tantomeno **appassionato**. Inoltre, dato che non mi sentivo abbastanza preparato, al solo pensiero che sarei stato proprio io a progettare case, ponti o muri di sostegno, scoppiavo a ridere.

*Mentre l'idea di andare a lavorare?* Ma figurati!

*"Io voglio solo giocare a calcio e divertirmi."*

Quell'anno universitario l'ho passato soprattutto a casa a fare tutt'altro che studiare. Nessuno all'università ti dice che sei in ritardo o che devi andare a lezione. Nessuno ti dice di frequentare per poter dare gli esami. Ormai, a quasi 20 anni, nessuno ti obbliga ad andare a scuola. Insomma, hai totale libertà ma sei anche **l'unico responsabile del tuo destino**.

Oltre al giocare a calcio c'era un'altra cosa che mi piaceva fare, ossia allenare squadre di *"pulcini"*. Ho iniziato appena maggiorenne come allenatore in seconda nella mia società di appartenenza. Oggi, con la maturità e la consapevolezza acquisita, è un po' diverso, ma posso dire con orgoglio che non ho mai smesso di allenare giovani ragazzi.

Ricordo gli anni post diploma vissuti con poca motivazione. Giorni in cui mi svegliavo carico, pronto a spaccare il mondo, senza un reale motivo. Altri, la maggior parte, ero depresso e sconsolato. Non sapevo cosa fare della mia vita. Non avevo una **direzione**. Una **meta** chiara. Uno **scopo**.

Per come sono fatto io mi sembrava di essere durato già fin troppo tempo alla facoltà di storia.

L'avevo scelta perché alle scuole superiori avevo 8, mi piaceva conoscere il passato nella speranza di comprendere meglio il presente e il futuro. Peccato che dopo sei mesi, pensavo soltanto che il sistema universitario era riuscito a rendere noiosa anche l'unica materia che forse mi avrebbe fatto capire chi io fossi. Ma come la maggior parte dei ragazzi di 20 anni, anche io andavo di fretta e la risposta la volevo *subito*!

La cosa certa è che ho sempre odiato non fare nulla, e oggi più che mai, so perfettamente che la cosa sbagliata da fare è *non fare niente*. Ogniqualvolta si presenti una situazione, qualsiasi essa sia, la risposta è sempre la stessa: **è sbagliato non fare niente**. È diventato il mio *leitmotiv* oramai.

Dopo aver lasciato l'università ho passato un anno e mezzo in cui ne ho viste e vissute parecchie. Sapevo che avrei dovuto trovare un lavoro per sopravvivere, specialmente per il tipo di educazione familiare che possiedo.

Tutti dei grandi lavoratori. Inoltre mia sorella stava per prendere la sua seconda laurea con la massima valutazione possibile.

*"Devo anche io far qualcosa!"* Era la frase che più ricorreva nella mia mente.

Sono passato dal fare l'agente immobiliare a provvigione per due agenzie diverse, al postino con uno stipendio fisso e infine l'operaio in una catena di montaggio. Nel frattempo studiavo per diventare amministratore di condominio perché *"beh... C'è posto per tutti. È pieno di palazzi il mondo!"*.

Era il periodo in cui il mio *focus* era sugli amministratori di condominio. Li ammiravo per il coraggio che avevano nell'affrontare guerre civili tra condòmini ma li *disprezzavo* per la brutta fama che si erano creati nel tempo. Quindi ne ero sicuro: *"con i miei princìpi e sani **valori**, posso fare la differenza in questo lavoro"*.

Fortunatamente in tutto questo è sempre rimasta viva la **passione** per il calcio giocato. Amavo i tornei con i miei compagni di squadra, lo spogliatoio, le discussioni per le solite sconfitte con squadre tecnicamente meno forti di noi e le chiacchiere da bar. Amavo la pressione prima di un incontro decisivo o gli allenamenti sotto le piogge incessanti. Amavo lottare per una ragione non bene identificata ma sapendo che al mio fianco potevo contare su validi compagni. Amavo ogni cosa riguardasse quella sfera rotolare in un campo o in un prato non delineato.

D'altronde, quando si trattava di calcio, è sempre stata un'altalena di emozioni uniche: *"dammi una palla e mi rendi felice!"*.

Stare coi propri compagni a giocare a calcio era il modo migliore per distogliere i pensieri dai problemi di tutti i giorni. Mi rendeva

vivo! Mi divertivo. Ero spensierato e bastavano 2 semplici cose: io e una palla. *"Ma perché la vita non può essere così semplice?"*
Ma una volta tornato a casa mi sembrava soltanto di aver vissuto un bellissimo sogno. Ricominciava la vita fatta di non so bene cosa: lavoro per portare a casa abbastanza soldi per mangiare oppure studiare per essere riconosciuto non so bene da chi.
Insomma: *"cosa sto facendo?"*.

La breve esperienza da operaio in una catena di montaggio mi è servita a capire ancor di più cosa **non** volessi fare. Dunque ho ripreso gli studi universitari cambiando facoltà. Avevo deciso di iscrivermi a una facoltà dove *solo* con lo studio e l'impegno avrei passato *facilmente* gli esami. Niente di "scientifico".
La facoltà di Scienze della Comunicazione la trovavo utile anche per il mio nuovo lavoro da amministratore di condominio. Avevo preso gli attestati necessari per iniziare a esercitare e avevo anche iniziato a lavorare in uno studio come "tirocinante".

Esito del primo anno universitario: 2 esami passati su 6.
Troppi libri, tanta fatica e poca motivazione. Troppa teoria e poca pratica per i miei gusti.

Esito del primo anno da tirocinante: tanti problemi e poche soluzioni.

Tante persone incazzate e poche puntuali nei pagamenti dovuti.

E di nuovo: *"ma cosa sto facendo?"*.

Eppure, sentivo che avevo da dare al mondo molto di più. Proprio come quando scendevo in campo ed ero pronto a dar battaglia per portare a casa il bottino. *"Come mai quando gioco a calcio sono così forte e motivato? Anzi, di più, trascino quasi tutti!"*

Sapevo di essere un ragazzo normalissimo, come tanti altri, ma che esattamente come ogni mio compagno di squadra, anche io possedevo un talento! Pertanto iniziavo a voler capire come fare a trasformare la mia passione per il calcio e per gli allenamenti coi *pulcini*, la passione per lo sport e la competizione, nella mia professione. Però, ogni volta che ci pensavo, tutto svaniva in una fitta nebbia senza meta nonostante iniziassi a sentirlo dentro di me sempre di più. Ero desideroso nell'anima: *"come posso fare per uscire da questa maledetta confusione? Come posso trasformare il mio talento in professione?"*.

Ma proprio grazie alla svolta di riprendere nuovamente gli studi, e a un laboratorio universitario sulla *leadership*, mi sono reso conto di cosa avrei potuto fare realmente.

Mi stavo addentrando per la prima volta nel mondo della programmazione neuro linguistica, della comunicazione efficace e della motivazione. Ancora non lo sapevo, ma questo mi avrebbe portato a raggiungere risultati *"impossibili"* prima su di me e poi con i ragazzi che di lì a poco avrei allenato.

Infatti, poco dopo, scoprii la professione del Mental Coach, l'allenatore mentale. Quella figura professionale capace di darti gli strumenti per raggiungere gli obiettivi e migliorare le performance.

Mi ci rivedevo tantissimo e in fin dei conti è ciò che ho inconsciamente sempre fatto in spogliatoio o in allenamento coi miei compagni. Meglio ancora coi ragazzi che allenavo.

Mi è sempre piaciuto trasmettere con le **parole** delle **emozioni**, trasformarle in **azioni** e ricavarne dei **risultati**. Ed è ciò che oggi riesco a fare concretamente grazie agli studi conseguiti, ma soprattutto grazie all'enorme lavoro fatto su di me!

Ormai avevo la mia **direzione**, avevo il mio **scopo**. Sapevo cosa volevo fare e lo sentivo forte dentro di me! Non vedevo l'ora di incominciare il Master in Coaching.

Abbandonata l'idea dell'amministratore di condominio, ho recuperato con determinazione tutti gli esami mancanti bruciando le tappe per il tempo perso in precedenza, conquistando la laurea. Ormai nella mia mente era diventato tutto chiaro e semplice. Ero **motivato** e non dovevo far altro che studiare e lavorare su me stesso per essere il primo esempio. Infine, riportare il tutto a quegli atleti che oggi sognano i grandi palcoscenici e che un giorno saranno i protagonisti dello sport nel nostro paese.

Arrivati a questo punto il mio metodo lo conosci. All'interno della storia c'è tutto ciò che devi sapere per diventare un professionista e c'è anche la risposta alla domanda: *"come si fa ad essere motivati nel lungo periodo?"*.

È più semplice di quel che si pensa e guarda caso è sinonimo di *consapevolezza*. Hai bisogno di **conoscere te stesso**.

Intendo dire che per rimanere motivato e focalizzato sul tuo obiettivo nel lungo periodo, devi conoscere questi 3 elementi:

- Vision – *Chi vuoi diventare per essere*
- Mission – *Perché fai ciò che fai*
- Ambition – *Cosa e come lo vuoi ottenere*

*"Non esiste vento favorevole per il marinaio che non sa dove andare."* – Seneca

Solo dopo aver chiarito il tuo **scopo**, la tua **meta** e la tua **ambizione**, avrai così definito la tua **direzione** e ti sembrerà tutto più semplice e naturale.

Gli *All Blacks*, la squadra di rugby più forte al mondo, parte da questo principio: *"devi sapere prima chi sei e cosa vuoi, se no non puoi essere libero di seguire la tua strada. Non riuscirai ad essere resiliente e stare saldo in piedi, non riuscirai ad avere fede e rimanere forte, facendoti così deconcentrare dalla confusione e dai problemi quotidiani"*. Riassunto in: *"per sapere come si vince, devi prima sapere come si perde"*.

Lo ripeto spesso ai miei giocatori: *"fermati oggi, per essere più veloce domani"*. Fermati per conoscere te stesso! Solo così avrai la consapevolezza necessaria per rialzarti più velocemente nei momenti difficili e sfidanti della tua esistenza.

Già, le crisi e i momenti sfidanti ci saranno sempre e credo che noi non possiamo farci nulla. Questo ormai lo sai anche tu. Però ritengo che l'universo ci sfidi nel momento in cui ne abbiamo più bisogno, un po' come se ci lanciasse **un'opportunità di Crescita**. Non credi che sarebbe più semplice uscire dalle difficoltà, con nuove capacità e consapevolezze, se noi vedessimo tutte le sfide della vita in questo modo? Quindi, la cosa che puoi fare è farti trovare più **preparato** possibile alle opportunità della vita, partendo dal conoscere te stesso.

Ora, vediamo insieme in che modo!

**Vision – Chi vuoi diventare per essere**

Come ti vedi tra 5 anni a partire da oggi? Come ti vedi tra 10 anni invece?

La Vision corrisponde alla proiezione di te stesso nel tempo e risponde alla domanda *"chi voglio essere?"*.

Per "essere" sai bene che prima c'è tutto un **percorso per diventare**. Quindi le azioni che fai devono essere allineate con la tua visione.

Per fare questo sai anche che ci vogliono 2 cose: **tempo** e una **pianificazione** efficace. Ma purtroppo la vita ti dice che nonostante tu sia disposto a investire tutto ciò che possiedi e nonostante tu abbia una pianificazione *perfetta*, non va sempre come dici tu. Tranquillo, per questo c'è la Mission che vedrai tra poco.

La Vision per me è quel qualcosa che ancora non esiste ma è lì, nella tua mente, pronta a essere concretizzata realmente. Per essere efficace è importante che sia chiara, ben definita ed esplicita e deve riassumere l'ambiente in cui operi, l'identità, i tuoi valori e lo scenario futuro.

Una volta che sai chi vuoi essere, hai una tua meta, quindi: una **direzione** concreta.

Vuoi un consiglio? Guarda avanti, è lì che stai andando!

**La mia Vision**: Voglio essere il punto di riferimento in Italia (ambiente) come Mental Coach dei giovani calciatori (identità con scenario futuro) con passione, professionalità e coerenza (valori).

Questo può essere il tuo nuovo punto di partenza.

Ormai sai quanto ritenga fondamentale conoscere il più possibile noi stessi e devi sapere che col coaching c'è tutta una metodologia per fare questo! Con gli atleti con cui lavoro, parto spesso da qui e per ringraziarti di avermi dato fiducia con l'acquisto di questo libro, troverai nel tuo workbook gran parte dei miei protocolli di lavoro per concretizzare questi 3 elementi: Vision, Mission e Ambition. Buon lavoro!

**Differenziazione e Autenticità**

Purtroppo, arrivato a questo punto, devo dirtelo!

Ti sei guardato attorno? Hai osservato bene quanti sono i ragazzi che vogliono avere successo nel calcio?

I numeri che ogni anno la FIGC pubblica sul proprio sito parlano chiaro. Sono 4 milioni e mezzo le persone che giocano a calcio in Italia ogni anno, di cui quasi 1 milione e 100 mila sono i tesserati con le squadre iscritte in federazione. Ma di questo milione di calciatori meno di 3 mila sono considerati professionisti e meno di 10 mila sono i giovani di serie.

E allora, come pensi di fare? Quante possibilità pensi di avere tu per diventare uno di questi 3 mila calciatori professionisti?

Te lo dico io. Devi **differenziarti**!

Questo sicuramente non significa che devi snaturarti. Tutt'altro! Devi trovare la tua unicità nella tua **autenticità**. Devi trovare il più possibile i tuoi talenti e continuare ad allenarli. Devi farti cercare dalle migliori squadre, dai migliori allenatori, dai migliori osservatori per le tue doti. Quindi trova il modo per differenziarti ma sempre con umiltà. Ricorda che l'**autenticità** dev'essere il tuo cavallo di battaglia, il tuo punto di forza! Ma solo conoscendo veramente te stesso potrai essere autentico, genuino e infine unico.

Pensa a Rino Gattuso che per primo ammette di non essere un fenomeno coi piedi. Eppure è diventato un Campione del Mondo con la Nazionale Italiana e ha vinto 2 Champions League. Ma allora cos'aveva di diverso rispetto ai suoi compagni?

Carattere! Correva per 15, recuperava palloni, mordeva le caviglie degli avversari, motivava i suoi compagni ed era sempre in prima linea nel difenderli. Per vincere una guerra, bastava portarsi dietro Gattuso.

Pensa anche a Ibrahimović. Cos'ha di diverso lui? Potremmo fare una lista infinita per cosa si distingue e sul personaggio che si è creato attorno.

Ciò che voglio dirti è che ogni giocatore ha le sue peculiarità. C'è chi tecnicamente è un fenomeno, chi ha una visione di gioco eccezionale, chi ha una testa e una motivazione fuori dal comune.

Quindi chiediti cosa devi **iniziare a fare di diverso** rispetto a tutti gli altri. Chiediti cosa devi **smettere** di fare. Chiediti cosa devi **aumentare** e infine cosa devi **ridurre**.

Sono le 4 domande di coaching che ti permettono di uscire da quegli *schemi sociali* e *mentali* in cui, chi più e chi meno, tutti ci sono dentro. Bastano queste 4 domande per differenziarti da coloro che vorrebbero diventare professionisti ma non sanno da che parte incominciare. Allora tu incomincia col rispondere alle domande che puoi trovare più approfondite nel tuo workbook e divertiti a trovare i tuoi talenti, poiché ognuno di noi ne possiede migliaia.

**Mission – Perché fai ciò che fai**
Antonino Davì recitava: "*Quando il **perché** è forte, il come si trova sempre*". È il modo migliore per descrivere cos'è la Mission.
Rappresenta **lo scopo della tua vita** e ti permette di rispondere alla domanda "***perché lo faccio?***".

Puoi compierla ogni giorno dando un senso a tutto ciò che fai. Rappresenta la tua guida ed è il principio cardine a cui si dovrebbe fare sempre riferimento ogni volta che bisogna prendere una **decisione da Leader**. Ti permette così di capire **il motivo profondo** che ti ha fatto compiere una determinata azione, indicandoti la **direzione** da percorrere. È il tuo compito, il tuo fine ultimo.

Mission significa fare, agire. Ma ancora di più, per me significa **fare per dare**. Uno scopo davvero potente è quando lo fai per qualcuno o qualcosa più grande di te. Io la rappresento un po' come quella fiamma che arde dentro e che puoi far diventare un vulcano se continui ad alimentarla giorno dopo giorno, con costanza e disciplina.

Ho letto tantissime autobiografie di calciatori, imprenditori di successo e atleti di ogni sport e generazione. Vuoi sapere qual è la cosa che hanno in comune? Un'enorme volontà al sacrificio e al duro lavoro rappresentata dalla loro più grande motivazione: il loro **perché**.

C'è chi è voluto diventare un campione per suo padre mancato troppo giovane, chi per il proprio paese in difficoltà, chi per dare da mangiare ai propri familiari poiché da piccolo vivevano tutti nelle favelas. Molti di loro l'hanno riportato sui loro libri inconsciamente, ovvero senza sapere che quella è stata la leva che ha permesso loro di continuare a lottare con perseveranza!

Ma hai notato come le più grandi motivazioni arrivino da avvenimenti del passato molto difficili? Dalle sconfitte e dai fallimenti? Dopo aver vissuto nel disastro più totale queste persone hanno trovato la capacità di rialzarsi e trovarci la motivazione perfetta per fare la differenza in campo e nella vita. Proprio qui hanno trovato il loro "**perché**" più profondo.

Alt! Questo non significa che se non hai mai avuto problemi nella vita, non hai mai fallito o perso, tu non possa trovare il tuo scopo. Ti assicuro che tutti hanno il proprio, quindi, fermati un attimo e rispondi alle domande: *"perché gioco a calcio? Perché faccio quello che faccio? Perché voglio diventare un calciatore professionista?"*.
Parti da qui!

Infine, sono molte le persone che mi chiedono come fare a sapere se il loro *perché* è abbastanza forte per affrontare le sfide della vita. La mia risposta è sempre la stessa: *"la Mission è una cosa personale! Se quando la leggi ad alta o a bassa voce, senti vibrare dentro di te l'anima, o qualsiasi cosa pensi che sia, allora ci sei arrivato!"*. Più senti delle forti emozioni, più senti quelle sensazioni che sono difficili da spiegare e più sei arrivato al tuo *perché*.

**La mia Mission**: Essere lo strumento d'ispirazione capace di dare potere ai giovani calciatori, aiutandoli a trasformare i loro sogni in reali obiettivi, per raggiungerli e superare i propri limiti.

## Ambition – Cosa e come lo vuoi ottenere

*"Con quella testa non andrà da nessuna parte"*, *"ragazzo mio, vola basso che non sei nessuno"*, *"non devi montarti la testa che la batosta è dietro l'angolo"*. Sono le frasi più gettonate che sento dire da allenatori, calciatori, dirigenti, giornali e televisione. Penso che il calcio sia il più grande ricettacolo di pregiudizi e luoghi comuni dei tempi moderni esistente.

La grande maggioranza degli addetti ai lavori confonde l'ambizione con la superbia e la mancanza di umiltà.

Quindi attento anche all'uso improprio del termine *umiltà*. Il voler ambire a tanto non per forza è sinonimo di *megalomane*. Una persona che sa chi vuole essere, dove vuole andare e cosa deve fare, può affiancare tranquillamente la sua **ambizione** alla *fame di risultati*.

Certo, l'umiltà è una virtù straordinaria se intesa nel suo significato originario di mancanza di superbia. Rappresenta un impagabile tesoro quando è la molla che spinge a non sentirsi arrivati, a rispettare l'avversario sconfitto e il valore del denaro, a utilizzare ogni allenamento e ogni partita per migliorare.

Per Ambition intendo ciò che vuoi ottenere e come lo vuoi ottenere.

Naturalmente per fare questo c'è una serie di domande efficaci che ti permettono di consapevolizzare sempre di più ciò che vuoi, ad esempio: *"come vuoi si sentano le persone a cui vuoi bene e le persone che fanno il tifo per te?"*.

Oppure: *"quali benefici emozionali avranno per te?"*, *"come vuoi che gli altri si sentano in tua presenza?"*, *"cosa troveranno in te che altrove non trovano?"*, *"per che cosa vuoi essere riconosciuto?"*.

Dopo aver risposto a tutte le domande troverai semplice capire la tua Ambition rispondendo alle 2 domande finali: *"**Cosa voglio ottenere da tutto questo?**"* e infine, il **come** lo vuoi ottenere: *"**come dovrò comportarmi d'ora in avanti per raggiungere la mia ambizione?**"*.

**La mia Ambition**: Voglio ottenere l'opportunità di fare da Mental Coach alla Nazionale Italiana di calcio. Per fare questo dovrò continuare a **studiare** e **lavorare** più di chiunque altro, utilizzando la forma d'intelligenza più rilevante al mondo: la **curiosità**.

**Responsabilità – Il *fondamentale* verso il professionismo**

Dopo la *Consapevolezza*, la *Vision*, la *Mission*, l'*Ambition*, ecco il quinto *ingrediente* per far rotta verso il professionismo: la *Responsabilità*.

Ricordi che l'avevo accennato già nel terzo capitolo? Ma perché la reputo così importante? Perché è l'elemento che secondo me distingue il calciatore *ordinario* da quello *straordinario*?

Innanzitutto devi sapere che se un giorno deciderai di lavorare con me per migliorare le tue prestazioni, dopo aver chiesto *"cosa vuoi"* e *"perché lo vuoi"* – domande apparentemente molto semplici a cui in pochi sanno realmente rispondere – faccio mettere in ordine d'importanza le risorse che per il giocatore sono necessarie per fare la differenza.

Ad esempio chiedo: *"metti in ordine dalla più importante alla meno importante per te queste risorse: Costanza, Motivazione, Disciplina, Resilienza, Perseveranza, Talento, Responsabilità, Coraggio, Leadership, Passione, Carisma, Umiltà, Sacrificio, Determinazione, Grinta"*. Non c'è una risposta giusta o sbagliata. Lo faccio soltanto per capire dove il giocatore posiziona la *responsabilità*.

Ricordi il *Ciclo del Successo*? E ricordi come si fa a ottenere un risultato importante? Ecco che tutto torna!

Se vuoi davvero ottenere e raggiungere il tuo traguardo professionale, la prima e unica cosa che devi prendere in mano è proprio la responsabilità. Mi spiego meglio.

Innanzitutto, il termine lo puoi dividere in questo modo: "Respons/abilità", ossia l'abilità di rispondere alle situazioni o l'abilità di dare un responso. Se sei capace di assumerti la responsabilità delle tue azioni, delle tue decisioni, del tuo stato d'animo, evitando di puntare il dito su questo o su quell'altro, significa che hai **l'abilità** di dare un responso al risultato che stai cercando. Significa assumersi la responsabilità dei tuoi sogni. Significa farsi carico delle conoscenze che devi avere e dell'atteggiamento che ti serve per creare una mentalità vincente e ottenere così i risultati desiderati. No alibi. Niente scuse!

Tu puoi perdere, ma ti prego di non comportarti mai da perdente.

Quante volte ti è capitato di dare la colpa all'arbitro o al campo bagnato per non essere riuscito a prendere un semplice passaggio da un tuo compagno di squadra, oppure quando pensi che la fortuna non sia mai dalla tua parte. È proprio in questi momenti qui che devi prendere in mano la tua responsabilità. Ci vuole coraggio, lo so. Ma questo è l'unico atteggiamento che devi **allenare** per avere il potere di influenzare le tue azioni e quindi i tuoi risultati.

Il fatto è che ammettere una colpa, ammettere di aver sbagliato, fa paura. E sai perché?

Perché non si sa bene cosa fare dopo!

Ti sto per chiedere una cosa considerata da tanti *impossibile*: prenditi la **totale** responsabilità degli avvenimenti che ti capitano.

Lo so, è molto complicato e lo ammetto. Anche per me a volte è difficile farlo. Abbiamo la tendenza a giustificarci puntando il dito su qualcuno o qualcosa che per noi era impossibile da prevedere. Eppure, ti assicuro che più il tuo grado di responsabilità è alto e più otterrai risultati di grande valore.

Ti do un consiglio per fare questo più facilmente: **dai un giusto significato agli eventi**. Noi non reagiamo al mondo per quello che è, reagiamo per il **significato** che diamo alle cose che ci accadono attorno.

Dopo che io e la mia ragazza storica ci siamo lasciati, per me sarebbe stato troppo semplice puntare il dito su di lei. E inizialmente così ho fatto. Nonostante sapessi quanto fosse importante prendersi il 100% della responsabilità dell'accaduto, mi era impossibile. Pensa un po'!

*"Il Mental Coach sa ciò che deve fare ma non lo fa"*. La verità è che anche io sono umano, come tutti. Ma il fatto di avere queste conoscenze posso assicurarti che mi ha permesso di uscire prima e con orgoglio da quella situazione per me molto pesante. A distanza

di tempo, questo sì, posso dire che oggi mi prendo la totale responsabilità dell'accaduto, attribuendogli il mio più profondo significato.

È ciò che adesso chiedo di fare anche a te.

Hai sbagliato un rigore decisivo? Hai rifiutato l'offerta della vita e te ne stai pentendo? Ti ha lasciato la ragazza e non ti dai pace? Non hai colto l'opportunità più importante che ti sia mai capitata? Non hai passato l'esame della patente? Ti sei rotto un crociato? L'arbitro ti ha espulso *ingiustamente*?

Prenditi il giusto tempo per assimilare l'accaduto, dagli il giusto significato e prenditi la tua responsabilità come fanno i più grandi Campioni.

Oggi, grazie a ciò che ti è successo, sei una persona diversa e soprattutto più forte!

È tempo di andare avanti.

RIEPILOGO DEL CAPITOLO 4:

- SEGRETO n. 1: È tempo a portarti ad avere sempre più consapevolezza, capacità e competenze utili per diventare ciò che un giorno vorrai essere. Il modo migliore è investire su se stessi.

- SEGRETO n. 2: La cosa sbagliata da fare è *non fare niente*. Ogniqualvolta si presenti una situazione, qualsiasi essa sia, la risposta è sempre la stessa: è sbagliato non fare niente.

- SEGRETO n. 3: Per diventare un calciatore professionista devi avere una direzione, uno scopo, una meta e un'ambizione ben delineata e consapevole.

- SEGRETO n. 4: Con l'unicità e l'autenticità, potrai differenziarti da milioni e milioni di giocatori che come te ambiscono al professionismo.

- SEGRETO n. 5: Il tuo grado di responsabilità è ciò che fa la differenza tra l'essere un calciatore ordinario o un calciatore straordinario. I grandi Campioni si distinguono per questo.

# Capitolo 5:

## La mente come acceleratore di risultati

Si dice che in un campo da calcio domini chi attiva il maggior numero di neuroni ed è scientificamente dimostrato che la capacità mentale di un individuo dipende da specifiche funzioni della mente che possono essere controllate.

Hai mai giocato a ping-pong, a tennis o a baseball? Pensa a quando stai per ricevere la palla e non hai ancora una piena e precisa consapevolezza della sua direzione e della sua velocità. Cosa succede? Siamo obbligati a **muoverci in anticipo** e spesso anche **colpire in anticipo**.

Questo significa che viviamo la maggior parte della nostra vita al di sotto del nostro livello di coscienza.

Ti chiederai cosa significa questo!

Inizia col farti queste domande: che differenza c'è tra un giocatore di Serie A e quelli che giocano in categorie inferiori?

Che differenza c'è tra un giocatore di grande talento come Kylian Mbappé o Lionel Messi rispetto a un calciatore che milita in Seconda Divisione francese o spagnola?

In questi anni ho avuto modo di chiederlo ad alcuni calciatori e atleti professionisti che sono riusciti ad arrivare al top e, ancor di più, a quei giocatori che invece sono arrivati ma non sono riusciti a rimanerci.

Innanzitutto sappi che al giorno d'oggi hai un'opportunità incredibile! Con lo scoppio della pandemia di Covid-19, molti campioni sportivi hanno passato il tempo in quarantena a fare dirette Instagram poi salvate da alcuni fan su YouTube. Cercandole e ascoltandole attentamente, scoprirai che tra le tante esperienze del passato che loro ricordano, con piacere o meno, troverai davvero degli ottimi spunti di crescita per qualsiasi calciatore interessato a far carriera. Ti informo proprio perché tra poco noterai che ciò che sto per dirti è congruente coi loro successi.

Ma tornando a noi, perché un calciatore è riuscito ad arrivare in Serie A, e soprattutto a restarci, mentre un suo ex compagno no? Cosa li differenzia davvero?

Tutti loro hanno risposto così: *"la velocità di gioco"*.

Cercavo di vederci più chiaro quindi ho approfondito con delle domande più specifiche fino a capire cosa intendessero realmente.

Mi hanno spiegato come salire di categoria non è più tanto una questione di tecnica di gioco, ma è l'abituarsi alla velocità del gioco in campo. I tuoi nuovi compagni vanno ai *"mille all'ora"* e tu non puoi essere da meno. È come se loro sapessero già da dove arriva la palla e dove la devono portare, passare o lanciare. Più sei veloce mentalmente più hai la possibilità di andare a segno. Più sei veloce con la mente e col pensiero, meno sei prevedibile per l'avversario. **Devi imparare a giocare di anticipo**. Insomma, meno pensi, più vinci!

Sono tantissimi i calciatori che tecnicamente potrebbero primeggiare con Lionel Messi, eppure, l'argentino fa quella stessa giocata a una velocità di pensiero fuori dal comune. Magari lui in un quarto di secondo è già proiettato davanti alla porta per segnare mentre un altro calciatore, tecnicamente molto abile, sta ancora saltando il primo uomo.

Talento? Certo, non lo metto in dubbio! Ma che tu ci creda o no, quella velocità di pensiero e quell'anticipazione mentale si può allenare.

Non so se hai mai visto il film *Messi – Storia di un Campione* con tutte le testimonianze di grandi leggende come Maradona, Cruyff, Iniesta, Valdano e tanti altri. A un certo punto del film, c'è la nonna di Messi che guarda il nipote dicendogli: *"tu sarai il giocatore più forte di sempre perché nessuno riuscirà a capire cosa ti passa per la testa mentre giochi"*.

Ok, probabilmente è un po' romanzato e non possiamo nemmeno sapere se le parole della nonna fossero esattamente queste, ma mi piace pensare che è la velocità mentale di Messi a renderlo così unico e imprevedibile.

Tutto molto bello: ma quindi come si fa ad allenare questa *anticipazione mentale*?

Pensa per un istante all'esame di terza media o di maturità. Oppure pensa all'esame della patente o qualsiasi prova che hai dovuto affrontare e superare. Cosa succede di solito?

Probabilmente pensi all'esito della prova molto tempo prima che arrivi quel giorno. Quindi inizi ad anticipare mentalmente il giorno dell'evento in questione. Inizi a dirti cose come: *"chissà cosa mi chiederanno all'esame"*, *"come andrà?"*, *"se non lo supero, qua mi ammazzano"*, *"speriamo nel colpo di fortuna"*, ecc. Ogni pensiero che fai evoca un'immagine nella tua mente, e più continui a immaginare maggiore è l'intensità emozionale che percepisci. Addirittura, più si avvicina il giorno tanto atteso e più noti come lo stomaco si stringe. *Com'è possibile che tutti i pensieri vanno a finire lì? Perché ci preoccupiamo e ci tormentiamo per qualcosa che ancora deve accadere?*

È proprio questo il potere dell'anticipazione mentale, ovvero, come anticipato nel secondo capitolo, l'**immaginazione**.

La facoltà di proiettarci nel futuro e di costruirci la nostra realtà, il nostro mondo. Poi sta a noi decidere cosa immaginare!

Devi sapere che la nostra mente ha difficoltà a distinguere cose vividamente immaginate da cose realmente vissute. Per la nostra mente inconscia un'esperienza vividamente immaginata corrisponde a un'esperienza vissuta realmente. Noi vediamo, sentiamo e ne percepiamo ogni forma di sensazione. È incredibile, lo so, ma prova a pensare quando ti svegli dopo aver fatto un bellissimo sogno. Non ti sembra di averlo quasi vissuto? Sembra tutto così reale che a volte, pur dormendo tranquillo, hai la sensazione di sudare.

Questo è il fenomeno onirico. Se ad esempio hai sognato di rincorrere una palla, probabilmente avrai il respiro affannoso e ansimante. Se sogni di lanciarti col paracadute o di cadere, probabilmente ti muoverai nel letto e se sogni di parlare con qualcuno allora parlerai nel sonno. Anche se si tratta soltanto di immagini, la nostra mente reagisce semplicemente perché non ne è consapevole. Non lo sa! La visualizzazione che hai appena fatto è così nitida che sembra reale per la tua mente.

William James, un grande psicologo e filosofo americano, una volta disse: *"iniziate a essere ora quello che vorrete essere d'ora in avanti... La più grande guida del nostro iniziare a essere è l'immaginazione, ovvero l'abilità di saper scegliere tra le possibilità che ci vengono offerte"*.

James sta dicendo che devi avere il **coraggio** di immaginarti al tuo meglio e di smetterla di preoccuparti inutilmente per qualcosa che deve ancora accadere.

La preoccupazione è sana solo se la interpretiamo nel giusto modo, cioè occupandoci prima di qualcosa. Pre-occuparsi significa **occuparsi prima** di qualcosa che accadrà in futuro. E se oggi ti sei occupato bene, in modo funzionale e utile, di ciò che arriverà, di ciò che vorrai un domani vivere, tu lascerai che questa tua preoccupazione diventi una **preparazione** e non una limitazione. Questo è il modo migliore che hai per utilizzare la tua mente come acceleratore di risultati e non come freno.

Quindi, lo stesso principio usato prima per immaginare un esame che devi ancora affrontare, lo puoi utilizzare per qualsiasi altra cosa, soprattutto in positivo.
È più semplice di quel che si creda. Devi soltanto prendere tutti gli strumenti appresi fino ad ora in questo libro e metterli in pratica tutti insieme.
Vediamo *tecnicamente* insieme come fare!

Facciamo caso che tu sia appena stato acquistato da una società professionistica e che tra pochi giorni debutti in una categoria superiore. Come sappiamo qui hai la facoltà di immaginare il tuo esordio come meglio credi. La scelta spetta a te.
In questo caso l'obiettivo è fare una grande prestazione condita da un assist vincente.

Ok, ora chiudi gli occhi, prendi un bel respiro profondo e immaginati in spogliatoio, pochi minuti prima del calcio d'inizio.

Osserva come porsi delle buone domande ti orienti il *focus* e ti permetta di iniziare il *Ciclo del Successo* con dei pensieri potenzianti.

Stesso discorso vale per il tuo stato d'animo. Di quale stato interiore hai bisogno per entrare in campo e raggiungere il tuo obiettivo?

Hai bisogno di sicurezza? Di serenità? Grinta?

Una volta deciso lo stato d'animo di cui hai bisogno, ti metti in quella stessa *fisiologia* ed entri nello "*state*" del campione: spalle belle larghe, schiena dritta, petto all'infuori, gambe tese e sicure. Oggi sei convinto di poter fare la differenza e dimostrare che vali il prezzo del cartellino che han pagato. Ti immagini di uscire dallo spogliatoio a testa alta.

Ora metti tutti i dettagli che vuoi attorno a te. Più le immagini saranno chiare e nitide nella tua mente, meglio è! Osserva il tuo allenatore, i tuoi compagni, il corridoio che porta al campo, il colore delle maglie degli avversari. Ascolta i cori dei tifosi che si fanno sempre più energici e decisi pian piano che ti avvicini al campo. Percepisci l'emozione e l'adrenalina che salgono dalle gambe lungo tutta la schiena. Non vedi l'ora di scendere in campo! Il bello della **visualizzazione** creativa è che puoi immaginare tutto ciò che vuoi, senza limiti. Quindi se hai deciso di vedere e anticipare tutte le emozioni che vivrai mentre ti stai scaldando o mentre stai aspettando che il mister ti scelga per entrare in campo, sei libero di farlo.

Una volta che sei dentro al campo è il momento di anticipare con la mente tutto ciò che potrebbe accadere. Come salti l'uomo? Come passerai quella palla? Come calcerai quella punizione o quel calcio d'angolo? Che tipo di giocata farai in 1vs1 contro l'estremo difensore? In che posizione del campo giocherai solitamente? In che modo farai l'assist vincente che desideri? Come ti comporterai se un avversario ti fa fallo o ti provoca? E se vieni ammonito invece? Anticipa con la mente anche tutte le interferenze interne ed esterne che potrebbero esserci.

Come detto prima, più dettagli ti **alleni** a mettere, più lo vedi dentro la tua mente utilizzando tutti i tuoi sensi, e più ti sarà reale.

Più ti impegnerai ad allenarti mentalmente e più avrai la possibilità di anticipare e velocizzare il tuo pensiero.

*"Non tiro mai un colpo senza averlo prima ben visualizzato in mente.*

*Prima di tutto, vedo dove voglio mandare la palla.*

*Poi vedo la palla che ci va, la sua traiettoria e il suo atterraggio.*

*L'immagine successiva sono io che prendo lo slancio che trasformerà le immagini precedenti in realtà."*

– Jack Nicklaus – Golfista.

**Miglioramento del gesto tecnico**

Ricordo ancora quando un mio giocatore, Michele, mi chiese insistentemente di aiutarlo a migliorare a calciare le punizioni nonostante avesse una media realizzativa altissima.

Come ho già detto diverse volte questa è la prima cosa che osservo: la **volontà**. Se un giocatore ha la volontà di impegnarsi per raggiungere un risultato, è pronto al sacrificio e al cambiamento.

Tornando a Michele, ricordo che con lui in campo è come se già sapessimo di partire dall'1 a 0. Bastava una punizione per noi poco dopo il limite dell'area.

Un po' come i più grandi tiratori di punizioni tipo Siniša Mihajlović, Juninho Pernambucano, Andrea Pirlo, Zico, David Beckham, Roberto Carlos, e lo sappiamo, la lista potrebbe essere molto più lunga di questa.

Con loro in campo e una punizione dalla *"loro posizione"*, quante volte anticipavi l'esultanza? O le mani nei capelli se purtroppo li avevi come avversari?

Quante volte ti è capitato di dire: *"questo è goal"*? Manco fosse un rigore!

Ma quale sicurezza ti faceva dire questo?

Probabilmente il fatto che avesse segnato non so più quanti goal su punizione anche da posizioni *"scomode"* o considerate dai giocatori comuni o dai tifosi: *"impossibili"*. Eppure i portieri avrebbero dovuto sapere quale traiettoria avrebbe preso quella palla. Com'è possibile?

Nello sport normalmente si pensa che per migliorare un determinato gesto tecnico si debba praticare migliaia, migliaia e migliaia di colpi. In parte è vero perché bisogna costruire una memoria cellulare motoria che si ottiene attraverso l'esercizio e la ripetizione. Ma in tutto questo processo la mente gioca un ruolo fondamentale. Essa può infatti **rallentare** o **accelerare** questo processo di apprendimento inconscio del gesto a livello motorio.

Tutto questo dipende da come la usi. Più la usi, anzi, meglio la usi, più acceleri questo apprendimento. Peggio la usi e più la rallenti. Per fare questo con i miei atleti, dedico un'intera sessione di coaching.

Il discorso è molto simile all'anticipazione mentale, ovvero utilizziamo sempre il potere della **visualizzazione**.

Come gesto tecnico da voler migliorare prendiamo come esempio sempre la punizione. Dopo di che, individua un modello di eccellenza di prestazione, possibilmente con dei filmati video così da facilitarti il lavoro di visualizzazione. Successivamente identifica tutte le sue caratteristiche tecniche e **studiale** approfonditamente.

Ora è il momento di visualizzarlo dentro la tua mente, quindi chiudi gli occhi e immagina il gesto tecnico che hai appena studiato. Rivedi il video e richiudi gli occhi, immaginando e visualizzando sempre più dettagli in modo che la tua mente possa impressionare a livello mnemonico l'immagine corretta del movimento che vuoi realizzare in campo.

Arrivato a questo punto devi fare due cose: 1) visualizzare prima in modo **dissociato** mentre fai il gesto tecnico scelto, ovvero vedi te stesso fare il gesto esatto; 2) visualizzare in modo **associato**, quindi ora sei tu con tutte le sensazioni che provi a riprodurre precisamente il gesto.

Infine, l'ultima cosa da fare è simulare, possibilmente davanti a uno specchio oppure registrando un video da più angolazioni possibili per poi riguardarlo, ricreando fisicamente ciò che hai visto durante le visualizzazioni.

Dopo che ti sarai allenato a visualizzare nella tua mente il gesto tecnico, naturalmente dovrai anche eseguirlo fisicamente con costanza sul campo da gioco. Dato che ormai sei a conoscenza del potere della fisiologia, del focus, della visualizzazione, prima del calcio da fermo che stai per eseguire, il mio consiglio è di chiudere per un istante gli occhi, fare un bel respiro profondo, metterti in "*state*", concentrarti sul dove voler mettere la palla e sul come colpirla, infine prendere la giusta rincorsa e calciare.

Come Michele, noterai anche tu che avendolo ormai fatto talmente tante volte nella tua mente, farlo nella realtà diventa inconscio e del tutto naturale.

Vuoi conoscere l'esito? Sarebbe troppo semplice risponderti, quindi allenati più di chiunque altro e sorprenditi da solo dei risultati acquisiti!

## Modeling

Prima di scriverti la lista precisa di tutte le volte in cui c'è bisogno di fare l'esercizio per apprendere al meglio il gesto tecnico, voglio darti uno spunto di riflessione: **videoregistrati** il più possibile! Oppure fatti registrare se ne hai l'opportunità.

Devi sapere che i migliori *performer* studiano continuamente le loro prestazioni. Che siano allenamenti o che siano partite non ha alcuna importanza. Io ad esempio, ora che sto preparando la mia prossima sfida personale, ossia un incontro di pugilato, non faccio altro che riprendermi mentre mi alleno tecnicamente e atleticamente. Solo dopo essermi riguardato capisco cosa c'è da correggere e dove posso ancora migliorare. Meglio ancora chiedendo un feedback a chi è più esperto, come in questo caso al mio maestro di pugilato o al preparatore atletico. Stesso discorso vale quando ho uno speech davanti a un pubblico oppure per una coaching di squadra o con un atleta. Quindi, dopo aver chiesto se posso videoregistrare, accendo subito il telefono verso di me. Questo è un ottimo metodo per migliorare più velocemente e crescere.

Kobe Bryant, uno dei migliori cestisti della storia del Basket internazionale, spiega nel suo libro *Mamba Mentality* come fosse ossessionato nel voler migliorare ogni giorno di più utilizzando a suo favore la tecnologia video.

Ancor di più, quando vedeva e riconosceva un talento e quindi un gesto tecnico che non aveva ancora mai visto ma che funzionava, subito ricavava il filmato, lo studiava e lo emulava fino a farlo suo per sempre. Lui stesso ammette che questa è stata la sua fortuna. La volontà di voler diventare il numero 1 al mondo, lo portava a fare cose che nessun altro nemmeno riusciva a immaginare.

Videoregistrarsi, visionare centinaia di volte quei video e allenarsi dopo averli visualizzati soprattutto nella propria mente, era una di quelle.

Ma attento! Non è così semplice e scontato. Devi essere sempre disposto a pagarne il prezzo in tempo, energie e forse anche soldi. Questo meccanismo in Programmazione Neuro Linguistica (PNL), la materia che più di tutte ho studiato per avere le competenze di coaching, si chiama ***modeling***. Gli esperti di PNL parlano di capacità di modellare esempi di eccellenza, **osservando** e poi **riproducendo** per ottenere specifiche abilità.

A proposito, nel periodo di quarantena per Covid-19, c'è stata un'interessante diretta Instagram di Alessandro Del Piero con Paulo Dybala, in cui il primo spiega in che modo è migliorato tanto nel battere le punizioni. Guarda caso è proprio lo stesso principio del *modeling*. Il video in questione lo puoi trovare facilmente su YouTube.

Stesso discorso vale per Andrea Pirlo che ne parla molto bene nella sua autobiografia *Penso quindi gioco*. Ad esempio Pirlo ha scoperto come duplicare l'abilità di un altro maestro delle punizioni, il già menzionato Juninho Pernambucano. Così cita nel suo libro: *"Juninho inventava traiettorie straordinarie, posava la palla in terra, si contorceva rapito da movimenti non convenzionali, prendeva la rincorsa e faceva goal. Non sbagliava mai, ho guardato le statistiche e ho capito che non poteva essere un caso".*

Il bresciano ammette di averlo studiato con **pazienza** e **costanza** per capire quale fosse il metodo per calciare la palla in quel modo particolare. Fino a scoprire che la sua arte non stava nel dove colpiva la palla, ma nel **come**, e cioè solo con le tre dita.

Credo che l'aspetto più bello del modellamento non siano soltanto gli aspetti puramente tecnici. Tutto questo riguarda ciò che abbiamo visto in queste pagine di libro: la postura del corpo, il respiro, il modo di avvicinarsi alla palla, lo sguardo prima di calciare il pallone. Se si ha la fortuna di essere compagni di squadra aggiungo l'atteggiamento mentale, il comportamento con i compagni e l'allenatore, le parole che utilizza, il ritmo che sostiene quando entra in campo e perché no, il suo modo di pensare e agire, fino alle sue strategie mentali.

Modellarsi sugli esempi di eccellenza significa capire quali sono i princìpi e le convinzioni che guidano il calciatore più forte della squadra, presentarsi per primo agli allenamenti e affrontare ogni esercizio come se fosse il più importante della sua vita. Significa scoprire cosa lo motiva a tal punto da fare quella sessione in più di allenamenti. Significa videoregistrarsi per poi passare centinaia di ore a studiare, e di nuovo, continuare ad allenarsi con il solo scopo di migliorare e crescere. Significa investire sui propri talenti, essere in linea coi propri valori e lottare fino all'ultimo.

Ricordo quando modellavo un mio collega per fare al meglio questa professione e disse queste parole che mi colpirono molto: *"la prima chiave d'accesso all'eccellenza è rappresentata dalla capacità di **osservare**"*.
Questo è verissimo ma adesso ho la conoscenza per aggiungere altre due componenti fondamentali che ho sperimentato in prima persona.
Ormai lo sai. Prima di pensare di scrivere un libro ho voluto prima testare su di me le cose che funzionavano davvero. Solo dopo aver raggiunto dei risultati posso dire: *"ok, questo funziona"*. A volte però non andava come speravo e quindi o non mi era chiaro qualcosa nel procedimento adottato oppure semplicemente esso non funzionava.
Utilizzando sempre il metodo del *"studio e applico"*, ho scoperto che *"osservare"* da solo spesso non è sufficiente per ottenere quella

capacità che vogliamo acquisire per diventare ancora più performanti.

Innanzitutto *osservare* non significa semplicemente *guardare con gli occhi*, ma significa utilizzare il più possibile le 55 percezioni che abbiamo.

In pratica sto dicendo che oltre ai cinque sensi, vedere, ascoltare, toccare, gustare e sentire gli odori, tu hai la possibilità di osservare ricavando più informazioni possibili utilizzando molte altre percezioni. Ad esempio il peso del proprio corpo, i movimenti esterni, la temperatura, il tono, l'emozione, il ritmo, il volume dei suoni, la posizione del corpo e tanti altri ancora. Ovviamente più le sviluppi e più sarai in grado di acquisire quell'abilità che vuoi modellare.

Dopo aver **osservato** e quindi raccolto le informazioni necessarie, occorre **decidere**.

*Decidere* deriva da *recidere*, ovvero tagliare, troncare di netto. Considera che tu hai sempre delle opzioni tra cui scegliere, banalmente anche *fare* o *non fare* sono due scelte diverse. La differenza sostanziale sta proprio in questo: sono scelte finché tu non prendi una decisione, ovvero finché non hai "troncato" le altre opzioni!

Dopo aver preso una decisione, devi infine **agire**. Questo è l'atto conclusivo per ottenere un'abilità di modellamento. Ricorda che una decisione è presa realmente solo quando fai un primo passo concreto verso il tuo scopo.

Devi ad esempio imparare a calciare la punizione con le tre dita per modellare la *"maledetta"* di Pirlo? Bene, una prima azione è ricavare più video, immagini e informazioni possibili, poi guardarli, analizzarli e studiarli, infine visualizzarli nella propria mente con tecnica e replicarli fisicamente in campo.

Agire significa fare pratica, pratica e ancora pratica.

Riassumendo la modalità migliore di fare *modeling* abbiamo dunque 3 elementi che compongono la capacità di acquisire un'abilità: **osservare**, **decidere** e infine **agire**.

Ai miei giocatori lo ripeto sempre! *Vuoi ottenere una nuova abilità? Vuoi davvero essere più capace e forte?*

Allora tatuati questa formula: **Competenza = conoscenza + esperienza**. Significa che per ottenere nuove abilità devi studiare e applicare. Significa che devi osservare e ricavare più informazioni possibili da chi ha già ottenuto dei risultati e metterli in pratica finché la nuova abilità non diventa tua per sempre.

E sai quando diventa tua per sempre? Quando ormai non ti rendi più conto che fai quella giocata con una naturalezza incredibile.

Quando le persone ti chiedono: *"ma come fai a fare quella cosa lì?"*. E tu ci pensi e dici: *"non ne ho idea, lo faccio e basta"*.

Una volta raggiunta questa condizione di **incoscienza** e sarai in campo, non dovrai nemmeno più pensarci perché fai tutto in modo totalmente naturale.

Questo è il momento in cui hai ottenuto finalmente l'abilità, e ora sì che sei diventato un giocatore mentalmente più veloce!

## Le 4 fasi dell'apprendimento

Poco fa ho parlato di una condizione di *capacità incosciente* che ti porta a fare dei gesti o delle giocate in modo eccellente senza sapere nemmeno come sei riuscito a eseguirli.

La domanda come al solito è: *come si ottiene questa abilità?*

In realtà noterai ben presto che è tutto incredibilmente collegato.

Questa è la bellezza di rendere cose apparentemente difficili da comprendere, semplici e chiare anche a un bambino.

Pertanto, sono 4 i passi che noi percorriamo nel momento in cui apprendiamo qualcosa di nuovo. Queste fasi sono diventate celebri grazie allo studio del sociologo e psicologo britannico Gregory Bateson.

L'elemento che caratterizza questi livelli è dato dalla **consapevolezza** di ciò che conosci mentre progredisci attraverso le 4 fasi di apprendimento.

Facciamo un esempio semplice utilizzando sempre la nostra mente.

Hai presente quando hai imparato ad andare in bicicletta?

Tra poco vedrai in che modo hai appreso questa capacità in 4 fasi.

**Fase 1: Incompetenza inconscia**

Torna per un istante con la mente a quando eri un bambino e avevi all'incirca 1 anno. In questo momento della tua vita non sei nemmeno a conoscenza dell'esistenza della bicicletta.

Questa è la fase del: *"non so cosa non so"*. Quindi sei inconsciamente incompetente. Ancora devi scoprire le tue potenzialità e quella di una bicicletta.

## Fase 2: Incompetenza consapevole

Ora torna con la mente a quando avevi 5 anni. Vedi gli altri bambini poco più grandi di te andare in bicicletta. È il momento in cui sai cos'è e a cosa serve la bici, ma non sei ancora in grado di andarci senza l'utilizzo delle rotelle.

Questa è la fase del: *"ora lo so ma non sono ancora in grado di fare"*. Quindi sei consapevole di essere incompetente nell'andare in bici.

## Fase 3: Competenza cosciente

Vai sempre con la mente nel momento in cui stai imparando ad andare in bicicletta. Ognuno di noi ha imparato in momenti ed età diverse. Tu vai al tuo esatto momento!

Cosa succede di preciso? Probabilmente le prime volte in cui ancora non sapevi propriamente padroneggiare il mezzo a due ruote, sarai caduto diverse volte. Ma ti rendi ben presto conto che per non cadere più basta fare attenzione a piccoli dettagli. Quindi basta pensarci un po' per evitare di sentire di nuovo l'asfalto sotto di te.

Questa è la fase del: *"so come fare, ma ho bisogno di pensare e concentrarmi su quello che devo fare"*.

**Fase 4: Competenza incosciente**

Infine, adesso la sfida diventa un po' più ardua. Ti chiedo di tornare con la mente nel momento in cui hai imparato ad andare in bicicletta e, per la prima volta, non ti rendevi conto delle azioni che stavi compiendo per rimanere in equilibrio. Viene difficile da ricordare perché chi si ricorda di quando per la prima volta non ha più pensato a cosa doveva fare per andare in bici?

Infatti, l'ultima fase è quella del: *"lo faccio senza nemmeno rendermi conto delle azioni che faccio"*.

Di conseguenza il tuo scopo diventa quello di arrivare alla *fase 4* il prima possibile facendo tanta, tantissima pratica, fino a rendere la tua nuova capacità *incoscientemente* appresa. Arrivato a questo punto avrai aggiunto "una nuova freccia al tuo arco".

*"Tutte le cose sono difficili prima di diventare facili."* – John Norley

Perché inizialmente ho scritto che *incredibilmente tutto torna*?

Perché in tutte le biografie dei calciatori di successo, coloro che hanno avuto il coraggio di andare avanti dopo l'ennesimo fallimento, c'è sempre la stessa frase. Sempre!

È inutile, non si scappa.

Per ottenere grandi risultati, tutti i migliori atleti citano l'enorme mole di **lavoro** svolto e il sudore che hanno versato. Nessuno è escluso, né io, tantomeno tu!

**Insisto**!

Devi lavorare duro, un po' più di quelli che ti stanno attorno e tanto di più di quelli di cui ignori l'esistenza.

Il mio segreto è *fingere* che dall'altra parte del paese c'è un ragazzo che, come me, ha le mie stesse capacità tecniche, fisiche e atletiche. Lo immagino identico e con la stessa età anagrafica ed energia. Lo idealizzo sempre e costantemente al lavoro, ancora più del sottoscritto. Lui è pronto a prendere il mio posto nel mondo.

Ho parlato di "*finzione*" ma non sono poi così tanto sicuro che non esista realmente.

Sono il tipo di persona che ama le sfide, così che, quando non trovo più nessuno che nel mio campo può competere, decido di crearlo con la mente. Ti assicuro che in questo modo la volontà di spingere ancora di più sull'acceleratore, non ha eguali.

Se invece sei il tipo di persona che non predilige le sfide e al contrario, si motiva con la serenità per portare a casa più risultati, puoi fare tranquillamente l'esatto opposto di ciò che faccio io.

Ci sono migliaia di modi per motivarsi al **costante lavoro**. Dopo che hai ben chiaro il tuo scopo, hai solo bisogno di trovare la tua modalità migliore.

**Tu hai un potere illimitato!**

Siamo individui senza limiti e tutto dipende soltanto da noi.

Concludo facendoti un altro regalo!

Non mi sono affatto dimenticato. Ti avevo promesso di indicarti tutto il processo del *miglioramento del gesto tecnico* ed è ciò che farò. Ma il regalo consiste in un'altra tecnica specifica per te che sei un calciatore agonista e ambisce a diventare un professionista. La troverai nel workbook poiché amo premiare chi crede talmente tanto nelle proprie potenzialità, da investire un po' del suo tempo nel scaricare l'eserciziario per poi lavorare.

Processo del **miglioramento di un gesto tecnico**:

1. Individuare quale gesto tecnico si vuole migliorare (ad esempio, calciare di collo-esterno per fare la famosa *trivela* di Ricardo Quaresma);

2. Individuare un modello di eccellenza di prestazione (possibilmente con dei filmati video);

3. Identificare tutte le sue caratteristiche tecniche e **studiarle**;

4. Guardare un'altra volta bene il video;

5. Chiudere gli occhi e immaginarlo dentro la propria mente;

6. Rivedere il video e richiudere gli occhi immaginando il movimento con ancora più dettagli possibili [x 5 volte almeno];

7. Visualizzazione **dissociata**. Vedi te stesso fare quel movimento [10 minuti circa];

8. Visualizzazione **associata**. In questo caso sei tu, dentro il tuo corpo, con tutte le sensazioni che provi mentre fai quel movimento [10 minuti circa];

9. Prendi un po' di spazio attorno a te e, con gli occhi chiusi, continua con una visualizzazione **associata** mentre fai il gesto tecnico e fallo anche fisicamente (sempre con gli occhi chiusi) [10 minuti circa];

10.     Apri gli occhi e simula il gesto tecnico possibilmente davanti a uno specchio oppure registra un video da più angolazioni col telefono e poi riguardalo. Ricrea fisicamente ciò che hai visto durante le visualizzazioni [15 minuti circa];

11.     Immaginati a occhi chiusi a un allenamento in cui vai a fare solo quel gesto. Dopo un paio di minuti, velocizza il movimento come se ne stessi facendo migliaia in pochi secondi. Più li vedi velocemente e più per la tua mente sarà come se li avessi realmente fatti [10 minuti circa].

Ora hai davvero tanti strumenti in più per trasformare la tua passione in professione, ma sai anche che l'unico modo per ottenerli concretamente è: **FARE TANTA PRATICA.**

Buon lavoro!

RIEPILOGO DEL CAPITOLO 5:

- SEGRETO n. 1: Per la nostra mente inconscia un'esperienza immaginata vividamente corrisponde a un'esperienza vissuta realmente.

- SEGRETO n. 2: L'abilità di proiettarsi nel futuro con la mente usando l'immaginazione è ciò che permette a un giocatore di anticipare le interferenze e velocizzare il pensiero.

- SEGRETO n. 3: Il *modeling*, lo strumento che utilizzano i grandi campioni per acquisire nuove abilità, è composto da 3 elementi: osservare, decidere e agire.

- SEGRETO n. 4: Le fasi dell'apprendimento sono 4. Una volta arrivato alla fase della *"competenza incosciente"* hai definitivamente acquisito una nuova capacità.

- SEGRETO n. 5: Tutte le cose sono difficili prima di diventare facili.

- SEGRETO N. 6: Se sei la persona più intelligente e abile della stanza, sei nel posto sbagliato.

# Conclusione

Il mondo del calcio sta cambiando! Oggi sempre più squadre e sempre più nazionali stanno crescendo tecnicamente e tatticamente grazie anche e soprattutto all'avanzata tecnologica.

Ricordi il mondiale di calcio di Russia 2018? Ricordi l'incredibile esclusione della nostra nazionale per la seconda volta nella sua storia, dopo 60 anni? Fu terribile per il nostro movimento.
Ricordi per caso anche quali erano un tempo le squadre considerate le "*cenerentole*" del torneo mondiale?
Scommetto che stai pensando alle squadre dell'Africa! Eppure, se ci pensi bene, oggi non hanno più molto da invidiare tecnicamente alle squadre europee o sudamericane.
Infine pensa al movimento in forte crescita del calcio femminile. Quanto pensi ci metteranno le squadre europee a raggiungere la portata e il prestigio della nazionale femminile statunitense?

È innegabile. Il mondo del calcio sta evolvendo.

Gli addetti ai lavori più *romantici* vedono tutto questo come la fine del calcio come "*lo conoscevamo noi*". Io, diversamente, sono estasiato dall'idea di poter assistere e, ancor di più, contribuire a un **cambiamento** così epocale.

Fa parte della nostra natura. Ogni anno, ogni mese, ogni giorno che passa, siamo persone diverse. **Cambiamo**!

È così evidente.

Anche il semplice conoscere una persona nuova ti porta a cambiare ed esserne condizionato o ispirato. Il leggere un buon libro. Il guardare una serie tv su Netflix. Mangiare una prelibatezza. Il navigare in internet. Viaggiare per il mondo!

Tutto ciò che pensi e fai influisce continuamente sul tuo destino.

Per tale motivo, la cosa migliore che puoi fare è: accompagnare il cambiamento **preparandoti**.

Ora tu conosci il modo!

Sai che per essere un atleta fuori dal comune hai bisogno innanzitutto di conoscere il **tuo perché** più profondo e avere una direzione ben chiara da percorrere. Conosci il processo di pensiero che ti porterà ad avere risultati inimmaginabili. Inoltre, al contrario di molti altri giocatori, sei consapevole delle risorse e dei talenti che possiedi e i limiti che dovrai trasformare in punti di forza. Sai che allenando il coraggio, la costanza, la disciplina e la resilienza aumenti vertiginosamente la percentuale di riuscita nel passaggio da agonista a professionista. Ma specialmente sai **come** allenare queste risorse, **come** elicitare nuove abilità dai migliori atleti al mondo e **come** differenziarti con la tua unicità e autenticità. E tanto altro ancora!

Penso che con questo libro tu abbia davvero gli strumenti che avrei tanto desiderato avere io **il prima possibile**. C'è solo un "piccolo" limite in tutto questo: **tu hai pochi anni, mesi e giorni** per vivere questa trasformazione e diventare un professionista.

Sai bene che in questo mestiere il tempo a disposizione per raggiungere determinati risultati è limitato. Da atleta professionista dovrai essere sempre al top fisicamente, ma, con il passare degli anni, lo stato di forma fisiologicamente diminuisce! Pertanto, prima inizi a lavorare con questi strumenti e prima ti farai trovare pronto alle opportunità che con sudore e sacrifici ti sarai creato.

Arrivati alla conclusione di questo libro, oltre a congratularmi davvero con te per aver dimostrato ancora una volta costanza e volontà di voler raggiungere il massimo dalle tue prestazioni, voglio lasciarti con un ultimo messaggio.

Esattamente come per mille bozzoli pronti a diventare falene, soltanto dieci riusciranno davvero a spiccare il volo sbattendo sinuosamente le loro ali in cielo. Vuoi sapere per quale ragione? Perché in ogni metamorfosi ci sono centinaia di interferenze da affrontare. Potrebbe arrivare un pipistrello a mangiarti il bozzolo. Potrebbe anche essere la mano dell'uomo bisognoso di lavorare la seta pregiata del tuo baco. Oppure semplicemente un forte vento capace di spazzarti via.

Voglio dire che se vuoi davvero trasformarti, hai bisogno di qualcuno che ti **protegga** durante il processo. Hai bisogno di qualcuno che ti **guidi** nei passi necessari per completare la metamorfosi. Qualcuno allenato ad affrontare i momenti critici con intelligenza e perseveranza. Capace di osservare i problemi da angolazioni totalmente differenti e vedere le opportunità che si celano dietro.

Io non posso prometterti che un giorno sarai un calciatore professionista. Purtroppo, questo non dipende solo da me.

Ma dato che sai che **a parità di condizioni tecniche e atletiche è la testa che fa la differenza**, posso prometterti di **guidarti** nei momenti più sfidanti della tua carriera. Posso prometterti di migliorare le tue performance, accelerando il raggiungimento dei tuoi risultati. È il mio lavoro e amo farlo!

Con l'augurio di poter leggere presto una tua recensione del libro via mail o su Amazon e un giorno conoscerti.

Al tuo successo,
*Christian Calà*

www.christiancala.it
info@christiancala.it

# Risorse

Qui di seguito segnalo tutte le risorse extra al libro che puoi trovare *on-line* gratuitamente e i miei contatti principali:

- *Workbook*: www.christiancala.it/workbook
- *Podcast*: Le 3 risorse del professionista:

    www.christiancala.it/letrerisorse

- *Profilazione del Campione*: richiedila via mail
- *Instagram*: christiancala_
- *Facebook*: @ChriCoach
- *LinkedIn*: Christian Calà – Sport Performance Coach
- *TikTok*: christiancala_
- *Twitch*: christiancala_
- *Sito Web*: www.christiancala.it/
- *E-mail*: info@christiancala.it

# Postfazione
# di Fausto Rossi

Nel percorso di crescita di una persona, molto spesso si vive il momento, l'attimo, l'emozione ed il *patos* dell'istante ma si pensa ben poco a ciò che ci porta a vivere tutte queste sensazioni.

Ho imparato e ho vissuto grandi esperienze e l'ho fatto iniziando a riconoscere il mio potenziale.

In base alle nozioni tecnico tattiche ricevute dai "primi calci" e alla fondamentale educazione familiare, ho sviluppato delle sensazioni ed ho imparato a conoscermi.

Credo che riconoscere il proprio potenziale sia la base per progettare un futuro, essere responsabili e riuscire a capire ciò che può fare di noi una persona ed un calciatore migliore.

Il miglioramento tecnico passa dalla grande applicazione, la dedizione, il coraggio e la voglia di non accontentarsi mai qualunque sia il livello. Si può SEMPRE migliorare.

Come? Io l'ho imparato nei tornei giovanili, molto spesso ho perso, fallito, pianto e deluso.

Quante finali di competizioni internazionali perse sbagliando i rigori, quante lacrime in quei momenti per un confronto con filosofie calcistiche diverse e più pronte rispetto alla nostra.

**Ma fallire per essere migliori è una cosa stupenda.**

Tutto ciò mi ha sempre spronato a dare di più, per potermi togliere quelle soddisfazioni dettate dal lavoro quotidiano e poter mettere in bacheca qualche trofeo (2 Tornei di Viareggio, Supercoppa Italiana, Coppa di Romania).

Ma la differenza che fa la differenza è quella spinta motivazionale, quel chiedermi giornalmente:

*Che cosa hai aggiunto oggi al tuo bagaglio di esperienza? Cos'hai fatto per migliorarti? Sei soddisfatto?*

Porsi delle domande è quello che spesso manca nel percorso di maturazione di un giovane.

Le risposte sono cambiate, sono diventate differenti nel corso della mia carriera. C'è stato come uno *switch* mentale ed è fondamentale capire che la mente è ciò che guida tutto.

Con un'attitudine mentale corretta e robusta puoi migliorare le tue *skills* tecnico tattiche, superare degli infortuni difficili e inaspettati, puoi spingere al massimo e anche oltre: i limiti non esistono, il tuo potere mentale deve prevalere su tutto.

Per farlo però bisogna capire quale può essere la strada più adatta per renderci migliori.

**Personalmente ho avuto bisogno di grande consapevolezza di me stesso, di ciò che si è e di ciò che si vuole essere!** Focalizzarsi sugli obiettivi a breve e lungo termine e soprattutto tramutare ciò che accade giornalmente in energia positiva. Il pensiero positivo porta risultati positivi, essere circondati da persone positive libera da negatività inutili in cui spesso una persona può incappare.

Io posso ritenermi fortunato per aver avuto la possibilità di conoscere questo tipo di approccio e di farne uno stile di vita.

E tu cosa aspetti? Il futuro è nelle tue mani o meglio… nella tua testa!

Fausto Rossi

## Gli Insuperabili

## Christian Calà tifa e sostiene INSUPERABILI

Insuperabili Onlus promuove un *cambiamento culturale* rispetto alla percezione della disabilità classicamente pensata come debolezza, con conseguente scarsa integrazione sociale e qualità di vita.

*Crediamo nella disabilità che diventa abilità, nella risorsa che colma il limite, nella diversità che diventa ricchezza e nella completa integrazione sociale della persona.*

Il cambiamento è però, per sua natura, un processo complesso che richiede tempo: affinché avvenga è necessario trasformare il sogno in obiettivo, alimentandolo costantemente attraverso *azioni concrete e quotidiane.*

Tutti i nostri Progetti hanno il fine di sostenere tale cambiamento e, grazie alla loro diversa struttura, contribuiscono a potenziare una dimensione specifica della persona.

Con le nostre Academy creiamo una rete, estesa su tutto il territorio Nazionale, che avvicina la disabilità al calcio e utilizza lo sport come strumento di condivisione, crescita e integrazione.

Con l'Insuperabili Shop e Progetti quali l'In Super Food, concretizziamo l'inserimento sociale della disabilità attraverso le attività lavorative.

I nostri Lab promuovono lo sviluppo delle competenze trasversali della persona necessarie per una vita di qualità e per l'integrazione attraverso la condivisione di momenti d'incontro.

Ogni giorno possiamo scegliere se accettare la sfida del cambiamento o se essere spettatori di una realtà che non evolve: Insuperabili Onlus si assume la responsabilità di essere parte attiva di questo processo, con l'obiettivo di avere un impatto il più possibile positivo sulla vita dei propri Atleti e della Comunità.

**La nostra Storia**

Il 6 Ottobre 2012, 4 ragazzi con disabilità svolgono a Torino il primo allenamento della Scuola Calcio Total Sport.

Al termine della stagione i 4 ragazzi sono diventati 25 calciatori che con il loro esempio, forza e determinazione ispirano il nome della Società che ad oggi tutti conosciamo: INSUPERABILI.

Nei 3 anni successivi vengono inaugurate le Sedi di Genova, Siracusa e Roma. Inizia a prendere forma uno dei principali obiettivi di Insuperabili Onlus, creare un network di Scuole Calcio per ragazzi con disabilità altamente qualificate, che possano con il tempo creare un vero e proprio movimento culturale.

In 8 anni sono 17 le Sedi inaugurate, e 650 i calciatori che vestono i colori bianco e blu.

Nella stagione 2015/16 viene siglata la partnership con Reset Academy, progetto di Reset Group rivolto al calcio giovanile, che qualifica maggiormente il percorso iniziato nel 2012.

Tutto ruota attorno ai nostri ragazzi e al calcio e proprio come i Top Club Mondiali abbiamo inaugurato il nostro Shop il 28 ottobre 2016, fiore all'occhiello della nostra Onlus che in 4 anni ha avviato 30 percorsi lavorativi.

Il biennio 2017 - 2018 è caratterizzato dalla crescita extra campo che ci vede coinvolti all'interno delle scuole e nella creazione di uno spazio di incontro e apprendimento messo al servizio di Atleti e Famiglie, l'Insuperabili Lab.

Il 6 ottobre 2018, a 6 anni esatti dalla nostra nascita facciamo il nostro esordio ufficiale all'interno della FIGC disputando la prima giornata del Campionato di Serie A For Special.

Il 31 ottobre 2018 la partnership con il Golden Foot ci porta a Monte Carlo, dove 3 Atleti di Floridia, Parabita e Torino vengono premiati come giocatori dell'anno.

Il 12 aprile 2019 insieme a Reset Group abbiamo l'onore di partecipare al World Soccer Congress organizzato dalla FIFA, come relatori accanto all'Ajax, il Malaga, il Barcellona e la Cruyff Foundation.

Il 2019 è un anno ricco di altri riconoscimenti importanti, dove Insuperabili viene scelta come Eccellenza Italiana di settore durante il Format Fabbrica per l'Eccellenza di Fondazione Cariplo e il Social Football Summit.

Il momento più alto lo tocchiamo però in campo, a Coverciano, laureandoci Campioni d'Italia il 23 giugno 2019.

Nel mese successivo diventiamo "internazionali" avendo l'onore di rappresentare l'Italia alla Gothia Cup by SKF di Goteborg.

L'anno più vincente della nostra storia non avrebbe potuto avere un epilogo differente, il 28 dicembre Davide Leonardi è tra le 100 persone più influenti del Mondo dello Sport secondo la rivista Forbes, all'ottantesima posizione.

Il 2020 continua il trend di crescita e segna un nuovo ed importante capitolo del nostro percorso; la Federazione Araba sceglie il Metodo Insuperabili per inaugurare le Scuole Calcio per ragazzi con disabilità. Il 17 febbraio sbarchiamo a Jeddah al King Abdullah Sport City per formare 80 futuri coach di calcio per atleti con disabilità. Facciamo appena in tempo a rientrare in Italia, dopo 2 giorni come tutto il Mondo a marzo ci siamo dovuti fermare, il Covid-19 è un male globale.

Le ripercussioni sono devastanti da un punto di vista sanitario ed economico, per la prima volta abbiamo avuto paura di non farcela. Questo pensiero è stato però un nuovo stimolo e abbiamo deciso di vivere questa difficoltà come una grande opportunità da cogliere. Abbiamo lavorato sulle nostre aree di miglioramento, migliorando la struttura, l'organizzazione, il nostro Metodo, non dimenticando la nostra Vision e i nostri Sogni, ma volendo farli emergere ancora di più e con più convinzione, per permetterci ancora una volta di continuare a scrivere *Tutti Insieme* la Nostra Storia.

**I nostri Valori**

UNICITA': essere sempre Noi stessi all'interno di un Metodo, condividendo Vision e Filosofia Societaria.

FIDUCIA: la Luce che ci guida anche nei momenti di poca comprensione.

CONOSCENZA: la Base che deve essere sempre alimentata.

RISPETTO: verso noi stessi, verso l'intero contesto, prendendoci Cura degli altri.

EQUILIBRIO: necessario per una Crescita costante.

ADATTAMENTO: consente di accettare i Cambiamenti traendone beneficio.

MOTIVAZIONE: la Forza che deve essere sempre presente.

## Come sostenerci

La tua donazione ci permetterà di garantire la crescita e l'integrazione di ragazzi con disabilità all'interno della società attraverso le scuole calcio Insuperabili Reset Academy e i progetti correlati, come l'Insuperabili Shop e l'Insuperabili Lab.

DONAZIONE CON BONIFICO BANCARIO
Beneficiario: ASSOCIAZIONE INSUPERABILI ONLUS
Iban: IT64O0521630651000000082649
Banca Credito Valtellinese Filiale Via Torino, 131 Nichelino (TO)
Causale: erogazione liberale a sostegno progetto Insuperabili scuole calcio per ragazzi disabili

https://insuperabili.eu
info@insuperabili.eu

# Ringraziamenti

*Grazie* è l'ingrediente essenziale nella ricetta di salute, pace e manifestazione di ciò che desideri. Non è una semplice parola detta ma un vero e proprio mantra di vita.

Ogni volta che termino un'impresa sportiva, un lavoro o un percorso, ritengo opportuno ringraziare tutte le persone che ogni giorno contribuiscono alla mia crescita personale e professionale. **Grazie** al loro incommensurabile supporto, riesco a portare sempre più valore nella mia vita e in quella delle persone.

Il primo ENORME **Grazie** va ai miei primi mentori e formatori, Livio, Fish, Andrea G., Alle e Roby e tutta la scuola *Ekis – The Coaching Company*.
Insieme a loro **Ringrazio** il Team Cantera e il suo Capitano, nonché mio primo Coach, *Energy*.

A proposito di persone che mi hanno aiutato a essere ciò che sono oggi, **RINGRAZIO** tutta l'A.s.d. San Benedetto a partire dal

Presidente Luigi, al vice Pit, per finire con gli allenatori Andrea A., Desi, Mister Beppe, Meri e i miei fantastici compagni di mille battaglie. **Grazie** ragazzi, siete sempre con me!

**Grazie** al mio editore che mi ha permesso di realizzare il sogno di pubblicare un libro e al suo magnifico Team che dietro le quinte lavora ininterrottamente.

**Grazie** a Stefano Sorrentino, Fausto Rossi, Davide Leonardi, Ezio Grosso e tutto il Team Insuperabili per aver portato valore aggiunto a me e ai lettori, con le vostre dichiarazioni in questo libro. **Grazie** anche a Max Sardella, Gianluca Rossi e Giovanni G. per avermi supportato e sopportato.

**Grazie** a Mirella per avermi davvero aiutato a ottimizzare al massimo il mio tempo nel raggiungimento di questo traguardo.

**Grazie** ai mitici Andrea S., Rob e soprattutto Stefano C. per aver creato e pensato a tutto ciò che riguarda la parte grafica del libro. Dalla copertina ai contenuti extra.

**Grazie** all'infinita Pazienza e all'incomparabile Passione del *Team Élite* composto da Alessio, Gabriele e Lorenzo. Il vostro continuo sostegno, il vostro enorme CREDO nei miei confronti è per me fonte di continua motivazione! Siete il mio più forte perché e la mia visione continua.

**Grazie** al mio tesoro più grande, le mie radici: mamma, papà e mia sorella Elisa. Siete il mio più grande orgoglio e punto di riferimento. Vi amo!

Infine, un **GRANDE Ringraziamento** va a te, lettore, che con FIDUCIA e PASSIONE hai preso la decisione di leggere questo libro fino alla fine. Sei fonte di ispirazione e benzina quotidiana di un lavoro che amo realmente fare.
Sono davvero **onorato** dell'enorme opportunità che ho avuto e per aver trovato lungo la mia strada tutti voi! **Grazie di cuore a tutti**.

*Ho qualcosa per cui vale la pena lottare!*

www.ingramcontent.com/pod-product-compliance
Lightning Source LLC
Chambersburg PA
CBHW071614150726
48000CB00004B/1715